2021-2022
GOLF DIGEST

ゴルフルール早わかり集

GOLF DIGEST
GOLF RULES
QUICK
REFERENCE

2021-2022 GOLF DIGEST
ゴルフルール早わかり集

目次

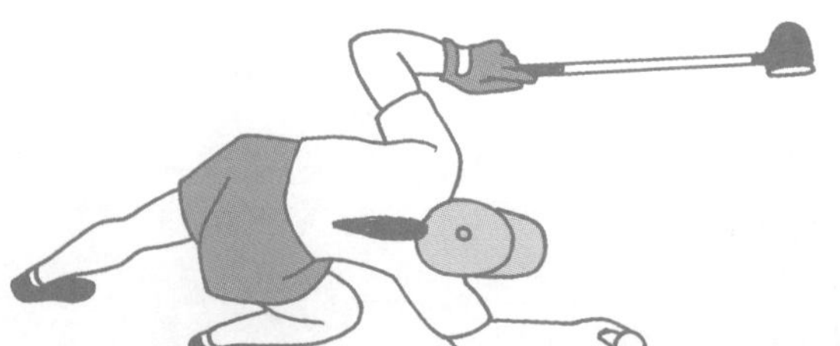

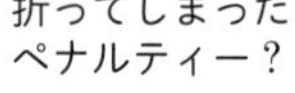

他のプレーヤーのショットで取れた芝（ディボット）が
球の近くに止まった。ディボット跡に戻せる？

球の真後ろにある邪魔な砂を
取り除いたら罰を受ける？

バックスイングに邪魔なOB杭を抜いてしまったら？

バンカーで並んだ球を拾い上げた場合、
変えられたライは、元に戻せる？

092 Play as It Lies 球を動かした！

止まっている自分の球を動かしてしまった場合は？

救済を受けようとしていたら球を
動かしてしまった。どうすればいい？

他のプレーヤーにより自分の球が偶然に動かされたら？

構えていたらクラブが当たり球が揺れたが大丈夫？

球をカラスが持ち去ったかもしれない。どうすればいい？

球の真後ろにある枯葉を取り除いて球が動いたら？

プレーヤーが球を動かした原因となったか
わからない場合、どう判断？

096 Ball in Motion 動いている球

ストロークした球が偶然に自分自身に当たったら？

ストロークした球が偶然に他のプレーヤーに
当たった場合は？

ストロークした球が偶然にカートに当たった場合は？

ストロークした球が偶然に動物に
当たってしまった場合は？

グリーン上で打った球が、
グリーン上の人や動物に偶然に当たった場合は？

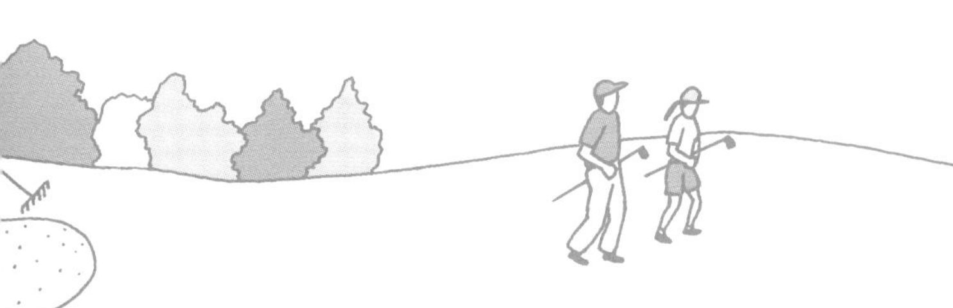

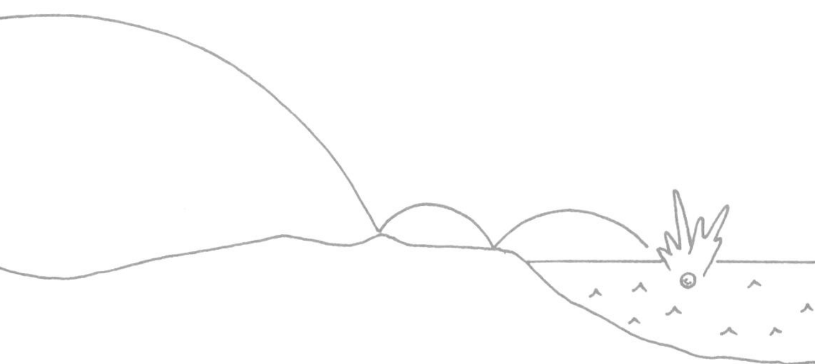

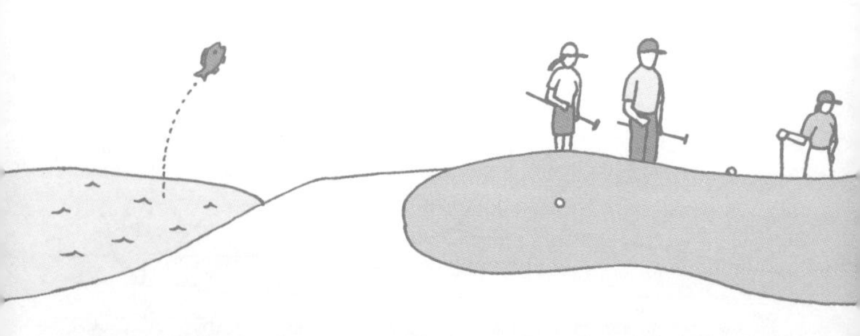

187 Match Play マッチプレールール

CASE 1　ティーの外で打っても罰なしになる!?
CASE 2　打順間違いでストローク取り消しも
CASE 3　球が2つ並んだときも“遠球先打”の縛り
CASE 4　1mパットをコンシード。あえて相手に打たせない
CASE 5　相手とのハンディキャップ差は各ホールに割り振る
CASE 6　ドーミーホールから全ホール取れば引き分け
CASE 7　エキストラホール突入。最終ホールの後も練習不可
CASE 8　互いに誤球したら先に間違った方が負け
CASE 9　談合的に勝敗を決着させると失格になる

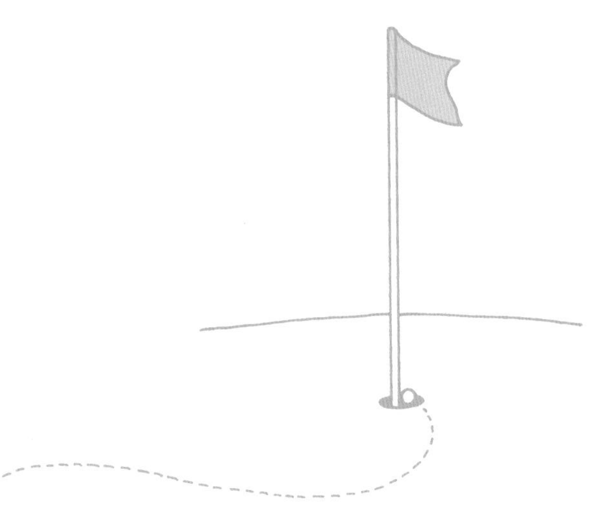

カバー・本文イラストレーション
唐仁原教久
本文イラストレーション
浅妻健司　桑原紗織　Noribou
藤井紗和　HB STUDIO

ルールのきもち
Sprit of Rules

ゴルフの最大の特徴は、プレーヤーが自ら正しく規則を適用し、必要であれば自らにペナルティーを与えることにあります。したがって、プレーヤーは誠実でなければなりません。ゴルフの原則は球をあるがままに、コースをあるがままにプレーすることです。そしてあるがままにプレーできない場合、規則は最もフェアにゲームを続ける方法を教えてくれます。

2019年からの新しい規則はこれらのゴルフの特徴、原則を守りながら、よりわかりやすく、そしてなるべく簡単に、プレーヤーがゲーム本来の挑戦を楽しむことができるように大きな改訂が行われています。規則を難しく考える必要はありません。最も大事なことはこのゲームの挑戦を楽しんでプレーすることです。しかし、誠実であること、そして規則を適用する責任が自分自身にあることだけは忘れないで下さい。そうすれば、規則がきっとあなたを助けてくれるはずです。

林 孝之

全英オープン レフェリー（2013-2018）

大原則

あるがままにプレーし
自らルールを適用

球をあるがままに打ち、コースもあるがままにプレー。そうしてゴルフゲームの挑戦を楽しもうと、ルールは共有を求めている。あるがままに打てないときは、ルールに定められた方法でプレーを再開できる仕組み。それを自分ひとりの判断で適正に処置できるよう、ルールを知る必要がある。

ルールの
きもち
Spirit of Rules

行動基準

あらゆる面で正直に。ゴルフ界の共同宣言だ

ゴルファーは誠実であり、ルールの適用は正しく行われるだろう――そんな性善説にゴルフルールは基づいている。誰もが速やかなプレーを心がけ、他の人の安全にも気を配る、バンカーはきれいにならし、コースを不必要に傷つけない。2019年以降、こうしたゴルファー像が謳われている。

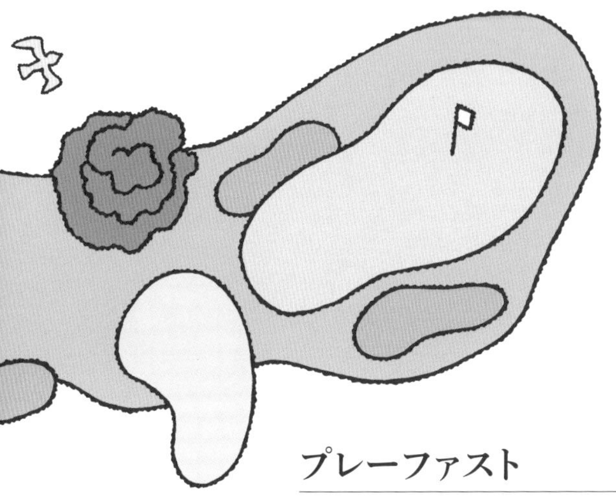

プレーファスト

速やかなプレーをアシストするルールがある

旗竿を立てたままパット可能となった2019年以降、グリーン上のプレーは速度アップしたと思われる。“遠球先打”が原則なのは変わらないが、準備ができた人から先にショットしていいことにもなった。世界的にプレーが遅くなったことへの打開策であり、これも「ルールのきもち」の一部だ。

ドロップルール〈基礎編〉

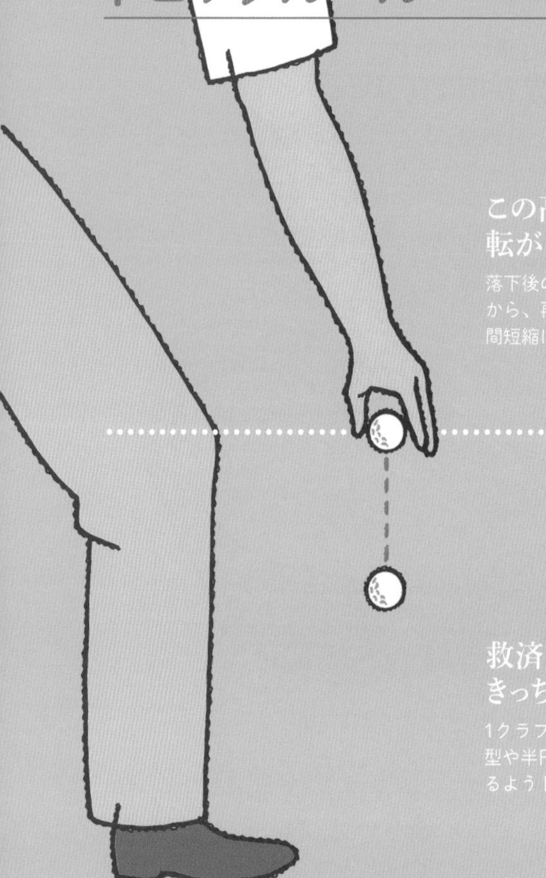

この高さなら
転がりもわずか
落下後の球の転がりが少ないから、再ドロップは減り、時間短縮になる
救済エリアに
きっちり止める
1クラブレングスの範囲の扇型や半円の救済エリアに止まるようドロップ

ドロップは膝の高さから

ドロップの作法を知ると、ルールは急に身近に感じられてくる。2019年のルール改訂で「ドロップは膝の高さから球を落とす」と変わった。転がりは少ないので、従来の「落下後2クラブレングスの転がりならその位置からプレー」はなくなり、救済エリア内に止めることになった。

肩の高さ、改め膝の高さ

球は膝の高さから、用具や自分に触れることがないよう、真下にドロップする。しゃがんでドロップしてもいいが、低くなった膝の位置からではなく、あくまで立ったときの膝の高さから。

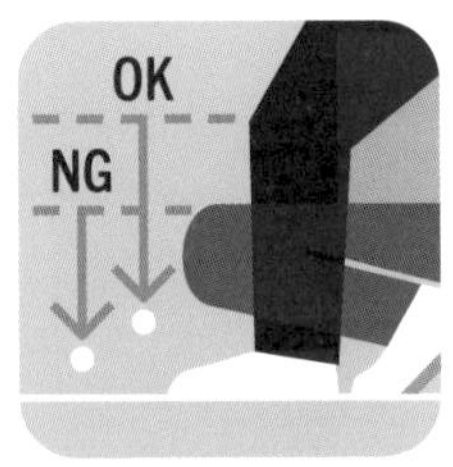

ファーストバウンドは地面に

回転をかける、転がすといった操作をしていなければ、地面に落下したのちに球が靴やクラブに偶然に当たっても問題ない。その球が救済エリアに残りさえすればいいのだ。足で止めてエリアにとどめるのはNG。

救済エリアに必ず球を止める

❶膝から落とす、❷ファーストバウンドはエリア内、❸救済エリア内に球を止めることが、三大原則だ。エリア外に転がり出たなら再ドロップし、それでもダメならプレースという手順になっている。

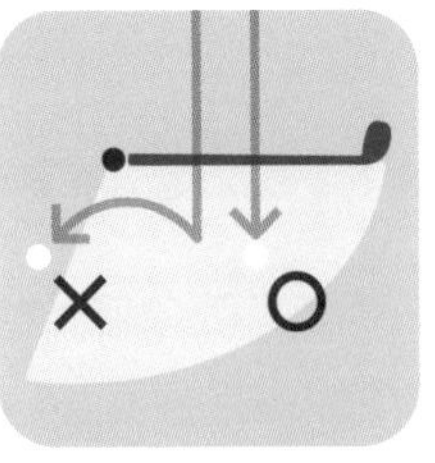

ドロップルール〈基礎編〉

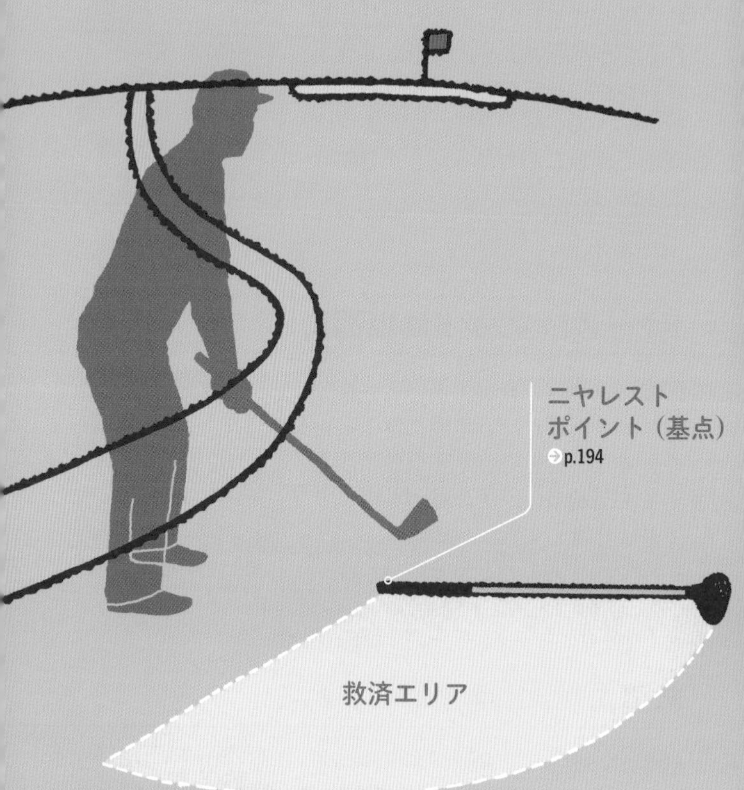

1クラブレングスはドライバーの長さ

規則書には1クラブレングス、2クラブレングスというフレーズが盛んに出てくる。救済エリアの範囲を決めるのは「パターを除く最も長いクラブ」となっている。実質的にはドライバーの45インチ前後を基準に救済エリアを決定する。

パター以外の最長クラブで測る

ドロップする際、救済エリアを決めるのにパターは計測に使えない。長尺パターを持っているプレーヤーがいるため、公正を期してのことだ。とはいえドライバーで範囲を決められれば、救済エリアはかなり広い。

ドライバーを持ってこなくてもいい

救済のドロップをする場面では、ドライバーを手にしていないことが多い。エリア計測のためのドライバーを取りに走るのかといえば、心配ご無用だ。ドライバーの長さを推定して救済エリアの範囲を決めればいい。

ティーなどでの位置確認はいらない

間違いなく1クラブレングスを測ったと周囲に見せる意味で、競技ではティーを刺して示すのが一般的だった。しかしもとよりその義務はなく、新ルールでも、もちろんティーを刺す必要はない。

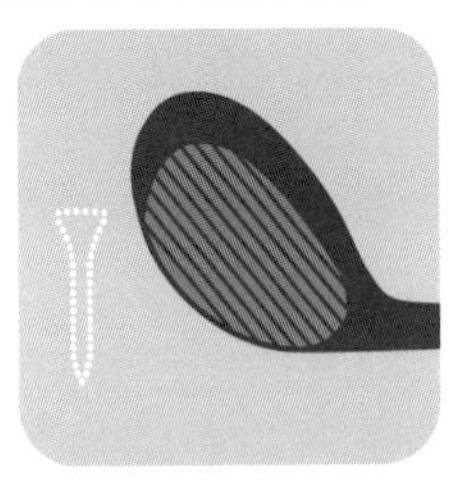

1

Teeing Area
ティーイングエリア

ルール上は限られた区域を指す。当日使用中のティーマーカーの幅×2クラブレングスの長方形だけが、ティーイングエリア ➔R2.2 / R6.2

2

Penalty Area
ペナルティーエリア

水域や荒地を含む一帯を、赤もしくは黄色の杭やラインで囲んである。旧ルールと違い、救済を受けずに打つ場合はソールしていい ➔R2.2

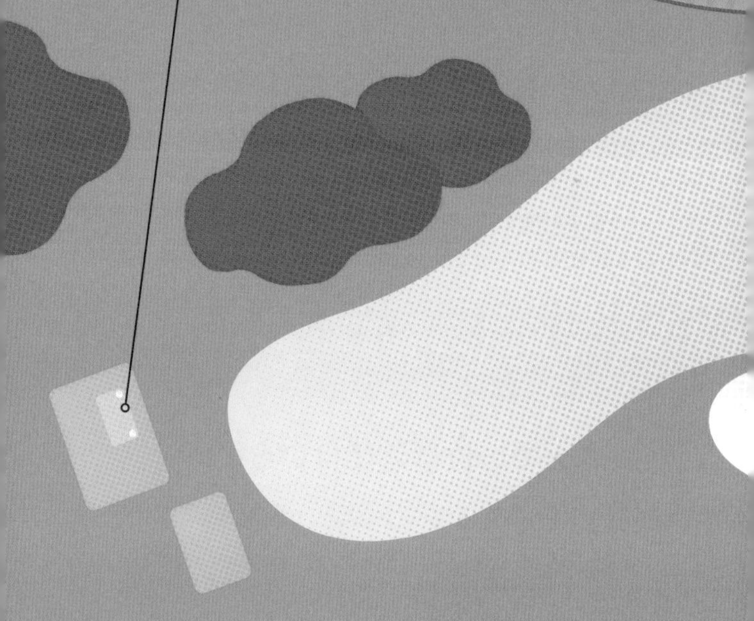

5つのエリアに呼び名が変わった

ペナルティーエリアという新しい区分けができ、
スピーディなプレーにつながる規則が続々。
新ルールでは水域がペナルティーエリアの一部となり、
ハザードという呼称が消えた。

4

Putting Green
パッティンググリーン

“あるがままにプレー”が原則のゴルフにおいて、マークして球を拾い上げられるなど特別な場所　➔R2.2 / R13.1

5

General Area
ジェネラルエリア

ティーイングエリアやパッティンググリーン、バンカー、ペナルティーエリアの特定エリアとアウトオブバウンズを除いた全エリア　➔R2.2

3

Bunker
バンカー

言わずと知れた砂地。ただしそのエリアの縁の土や草、積み芝、枕木などの人工物によるへりは、バンカーではなくジェネラルエリア　➔R2.2 / R.12.1

Out of Bounds
アウトオブバウンズ

コースの外側。白杭ラインもしくは白線の内側に少しでも触れている球は、一見外側の球のようだがインバウンズにある
➔R2.1 / R18.2

Teeing Area

ティーイングエリア

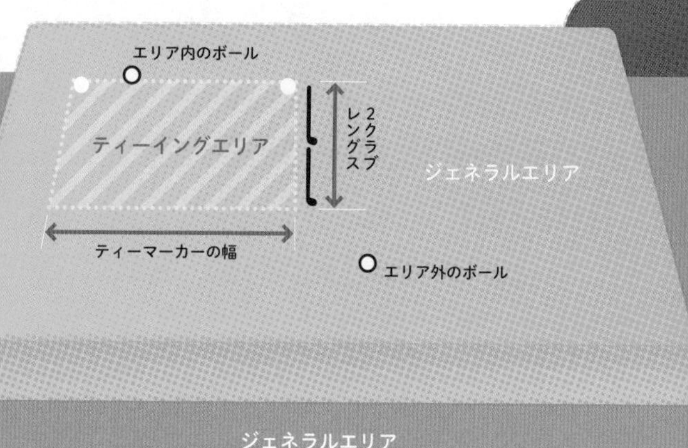

ティーマーカーの幅×2クラブ以外はジェネラルエリア ➲R2.2

ルール上のティーイングエリアは、その日のプレーで使用中のティーマーカーの外側を結んだラインからプレー方向と反対方向に2クラブレングスの長方形。このラインに球が一部でもかかるなら、区域内の球。その外側部分や他のティーなどは、仮に同じ平面でもジェネラルエリアだ。

空振りで球が落ちてもティーアップできるルールが登場 ➲R6.2

空振りして、風圧などで球がティーから落ち、ティーイングエリア内にとどまったとする。このケースでは、罰なしに再ティーアップして2打目としてストロークできることとなった。空振りして球が動かなくても、エリア内の別の場所に、罰なしにティーアップし直すのもOK。

ティーイングエリアで

Penalty Area

ペナルティーエリア

ペナルティーエリア 赤杭・黄杭 ➲R2.2

レッドペナルティーエリアとイエローペナルティーエリアは、プレー不能になりやすい水域と、球を紛失しやすい周辺区域をひとつのエリアに指定。エリア外から1罰打でプレーできるよう救済が受けられる（右図参照）。

ペナルティーエリア内だが打てそうなとき A ➲R17.1

エリア内の球を罰なしで打つこともでき、この場合、新ルールではクラブをソールすることや、ルースインペディメントを取り除くことが認められた。

ペナルティーエリア方向に飛び発見できないとき ➲R17.1

確実にそこに入ったと判断したなら1罰打で救済。仮に打った後にジェネラルエリアで元の球が見つかっても、そのまま進行。プレーヤーがすでに“合理的判断”（➲p.086）をして救済を受けたことを尊重する仕組みだ。

赤杭エリアなら横にドロップできる B ➲R17.1

球がレッドペナルティーエリアに入った地点から2クラブレングスの救済エリアにドロップ（右図参照）。範囲内にグリーンがあったら、そこにドロップしても問題なし。

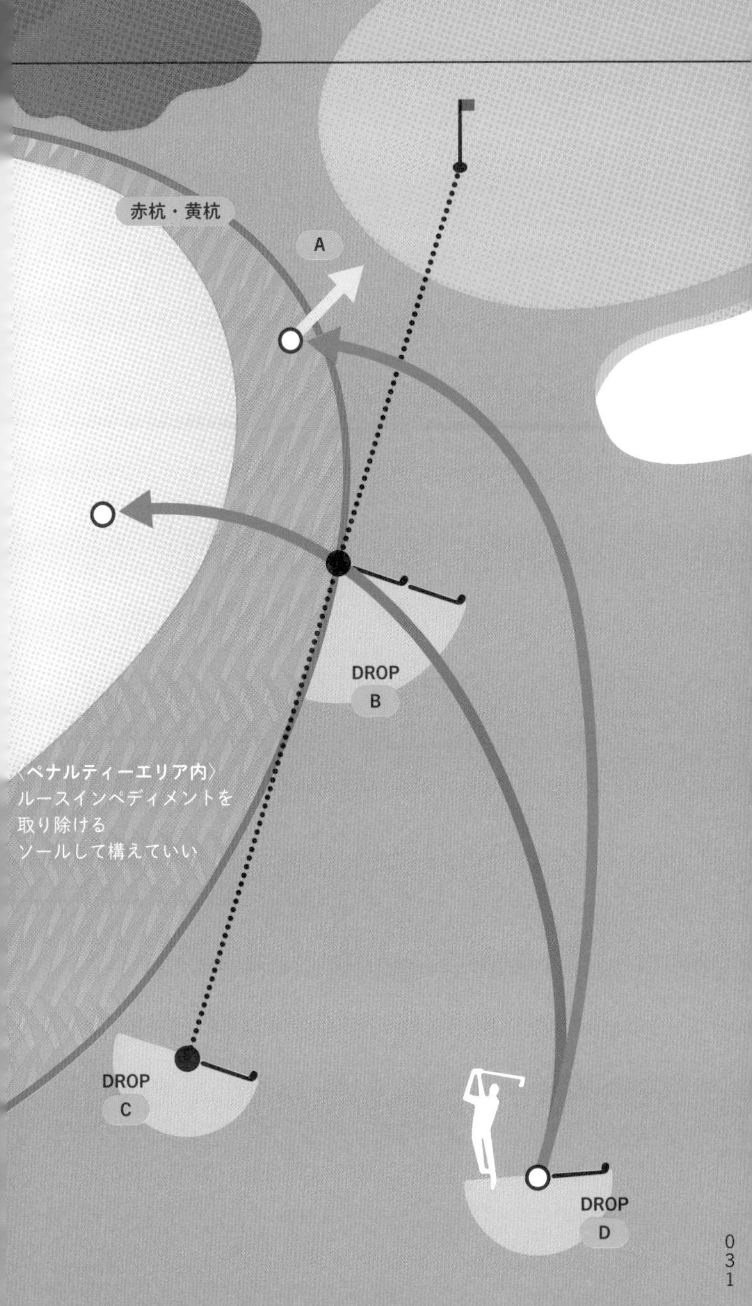
赤杭・黄杭
A
DROP
B
〈ペナルティーエリア内〉
ルースインペディメントを
取り除ける
ソールして構えていい
DROP
C
DROP
D

赤杭エリアの“対岸ドロップ”はNGに ➲R17.1

旧ルールのラテラルウォーターハザードでは“球が境界を横切った地点とホールから等距離の対岸”も救済の基点にできたが、レッドペナルティーエリアでその選択肢はない。

球が飛び込んだ地点の後方延長線上にドロップ C ➲R17.1

レッド、イエローのペナルティーエリア共通の措置。球が境界を横切ったと推定される地点とホールを結ぶ後方延長線上に基点を決め、そこから1クラブレングスの救済エリアにドロップ（もちろんホールに近づかないこと）。

最初に打った位置に戻ってドロップ D ➲R17.1

“ストロークと距離の救済”という考えに基づき（R14.6）、直前のストロークを行った球の位置を基点とした救済エリアから1罰打でプレーする。イエロー、レッド、どちらのペナルティーエリアも共通。

黄杭エリアは横にはドロップできない C D ➲R17.1

レッドペナルティーエリアで認められる“横に2クラブレングス”の救済はなし。イエローペナルティーエリアでは、後方延長線上か、直前のストローク地点で救済を受ける。

ペナルティーエリアから1打で出なかったら ➲R17.2

ペナルティーエリア内から罰なしにストロークし、他のエリアに出なかったらどうするのか。以下の5つの選択ができる。まず❶その球を“あるがまま”に打つことはOK。その球が打てなければ、以下の救済を1罰打で受けることができる。❷前打地点（ペナルティーエリア内）を基点とした救済エリアにドロップ。❸球がペナルティーエリアの縁を最後に横切った地点とホールを結ぶ後方線上が基点となる救済エリアにドロップ。❹レッドペナルティーエリアであればラテラル救済を受ける。❺最後にペナルティーエリアに入った球を打った位置に戻って救済エリアにドロップ。

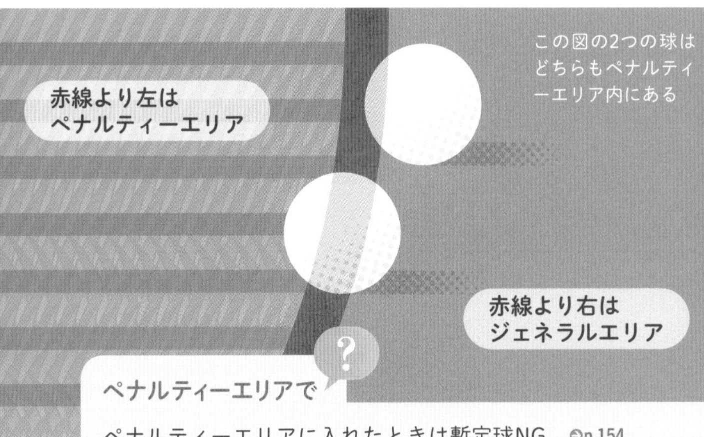
この図の2つの球はどちらもペナルティーエリア内にある
赤線より左は
ペナルティーエリア
赤線より右は
ジェネラルエリア
?

ペナルティーエリアで

ペナルティーエリアに入れたときは暫定球NG ➲p.154
ペナルティーエリアに入ったか不確実なら暫定球 ➲p.154
ペナルティーエリアの杭が邪魔なら抜けるか ➲p.156
自分の球か確認のため拾い上げた球をふけるか ➲p.078
確認のため球を拾い上げるにはマークすべきか ➲p.132
間違った方法でドロップしたら ➲p.136
地面にくい込んだ球はこのエリアでも救済可？ ➲p.152
ペナルティーエリアのルースインペディメント ➲p.204
池に何発も入れギブアップ ➲p.156

Bunker
バンカー

2罰打でバンカーの外に ドロップ可能に ➲R19.3

バンカーの外に球を持ち出してドロップできる救済は、バンカーが水没したときと、前打地点に戻るときだけだった。新ルールでは、アンプレヤブルの選択肢が増え、バンカーの後方外に2罰打でドロップできる（イラスト参照）。

大変更！ 小枝や小石を取り除ける ➲R12.2

バンカー内でも、ルースインペディメントを取り除けるようになった。この変更によりコース上のどの区域でも、ルースインペディメントは取り除くことができるものとなった。

小石を取り除くときに 砂に触れてもいい ➲R12.2 / R15.1

小石はいくらか砂に埋もれているだろう。これを取り除くのに「合理的に砂に触れること、砂を動かすこと」は認められる。つまり取り除くための最少限度ならOK。

葉っぱを取り除いて球が動いたら ➲R15.1 / R9.4

球の下にある葉を取り除いて球が動いたらプレーヤーが原因。1罰打をつけて、球をリプレースする。

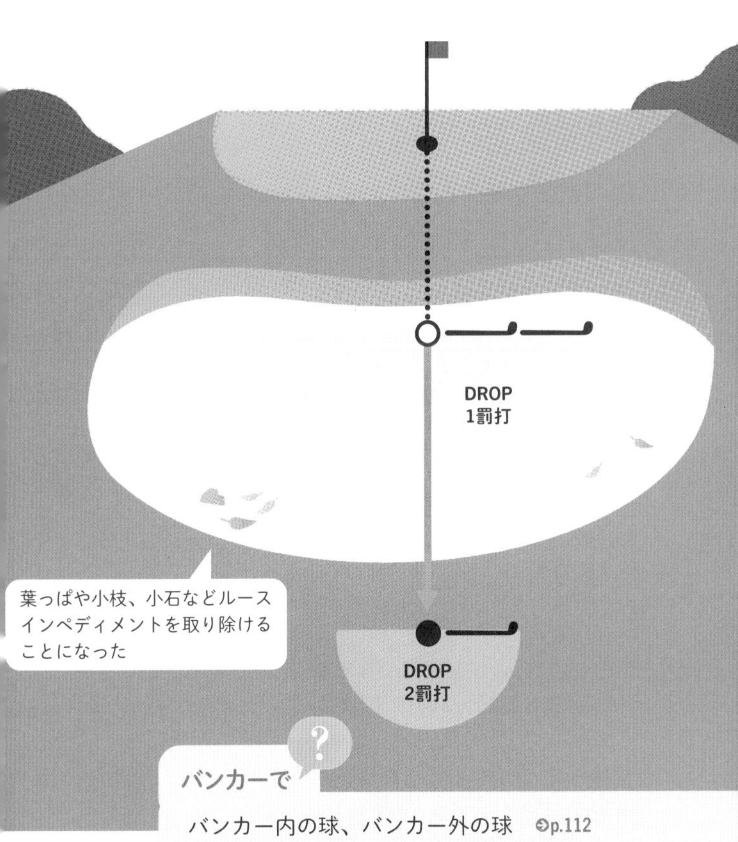
DROP
1罰打
葉っぱや小枝、小石などルース
インペディメントを取り除ける
ことになった
DROP
2罰打

バンカーで

バンカー内の球、バンカー外の球 ➲p.112
レーキをどけて球が動いても罰なし ➲p.116
砂の状態をテストすれば2罰打 ➲p.112
足を砂に潜らせて構えられるか ➲p.112
砂の上に使わないクラブを置いてもいい ➲p.116
素振りでクラブが砂に触れたら ➲p.112
バンカー脱出後、砂を打って練習スイング ➲p.118
脱出失敗の後、バンカーをならせるか ➲p.118
バンカーからOBした後、砂をならせるか ➲p.116
バンカー内の水たまりに球が入ったとき ➲p.150

Putting Green
パッティンググリーン

スパイクマークも修理できることになった ➲R13.1

ボールマークは直せてスパイクマークはNGと複雑だったが、新ルールでは「外的影響によって生じたあらゆる損傷」を修理できると変更になった。用具や旗、靴による損傷、動物の足跡、ホールの埋め跡、芝の張り替え跡、石など食い込んでいるもの、も含まれる。グリーンフォークではなくティーでもクラブでも、手や足でも修理可。

エアレーション跡や雑草、地面の露出は直せない ➲R13.1

コース管理作業のためのエアレーション（芝に空気を入れるための穴）、散水や雨による損傷、自然な表面の欠陥（雑草や芝の病気部分など）は直してはいけない。

グリーン上から打った球が旗竿に当たっても罰なしに ➲R13.2

新ルールにはスムーズにプレーするための新提案がいくつも盛り込まれた。パッティンググリーン上から打った球が立てたままの旗竿に当たっても罰がないのも、その１つ。

グリーン上の球をうっかり動かしても罰はなし ➲R13.1

大きな変更点。パッティンググリーン上の球だけは、プレーヤーが偶然に動かしても罰なしとなった。

マークしリプレースした球が動いたら、元の位置からプレー

➲R13.1/9.3

パッティンググリーン上に止まった球が、マークし拾い上げる前に偶然に動いた場合は、罰はなく、その球が止まった新しい箇所からプレー。すでにマークしリプレースした球が動いた場合も罰はないが、元の位置にリプレース。

ストローク中に球が動きそのまま打ってしまったら

➲R13.1 / R9.1

バックスイングを始めてから球が偶然に動き出し、その球を打ってしまった。こんな場合も罰はなく、その球が止まったところからプレーを続ける。

ボールマークは直すことができて、スパイクマークは直せない、という旧ルールに比べ、より多くの損傷を直せる

?

パッティンググリーンで

その球はグリーン上にあるのかどうか ➲p.120
球の横にマークして拾い上げてもいい？ ➲p.120
マークはティーを刺してもいい？ ➲p.124
砂やバラバラの土は取り除ける ➲p.120
グリーン面に手をついて大丈夫か ➲p.124
球が動いている間に旗竿を抜く行為は？ ➲p.130
サブグリーンの扱いもチェック ➲p.151

General Area
ジェネラルエリア

バンカー等は“特定のエリア”と呼ばれる ➲R2.2

ティーイングエリア、ペナルティーエリア、パッティンググリーンも、ルールブックでは特定のエリアと表記されている箇所がある（イラストの白い部分）。ルールの適用がジェネラルエリアとは違ってくる。

フェアウェイとラフはルール上区別なし ➲R2.2

ラフにあった球をフェアウェイにドロップしていいのか、と悩むゴルファーもいるが、林も、カート道路も、フェアウェイもラフも、分け隔てなくひとつのエリアだ。なので、救済エリア内にフェアウェイがあるなら、そこにドロップしていい。

ジェネラルエリアと特定のエリアの境界にある球は特定のエリアの球 ➲R2.2

球が複数のエリアにある場合、それはジェネラルエリアではなく特定のエリアにある球として扱う。特定のエリアにも優先順位があり、❶ペナルティーエリア、❷バンカー、❸パッティンググリーンと決まっている。

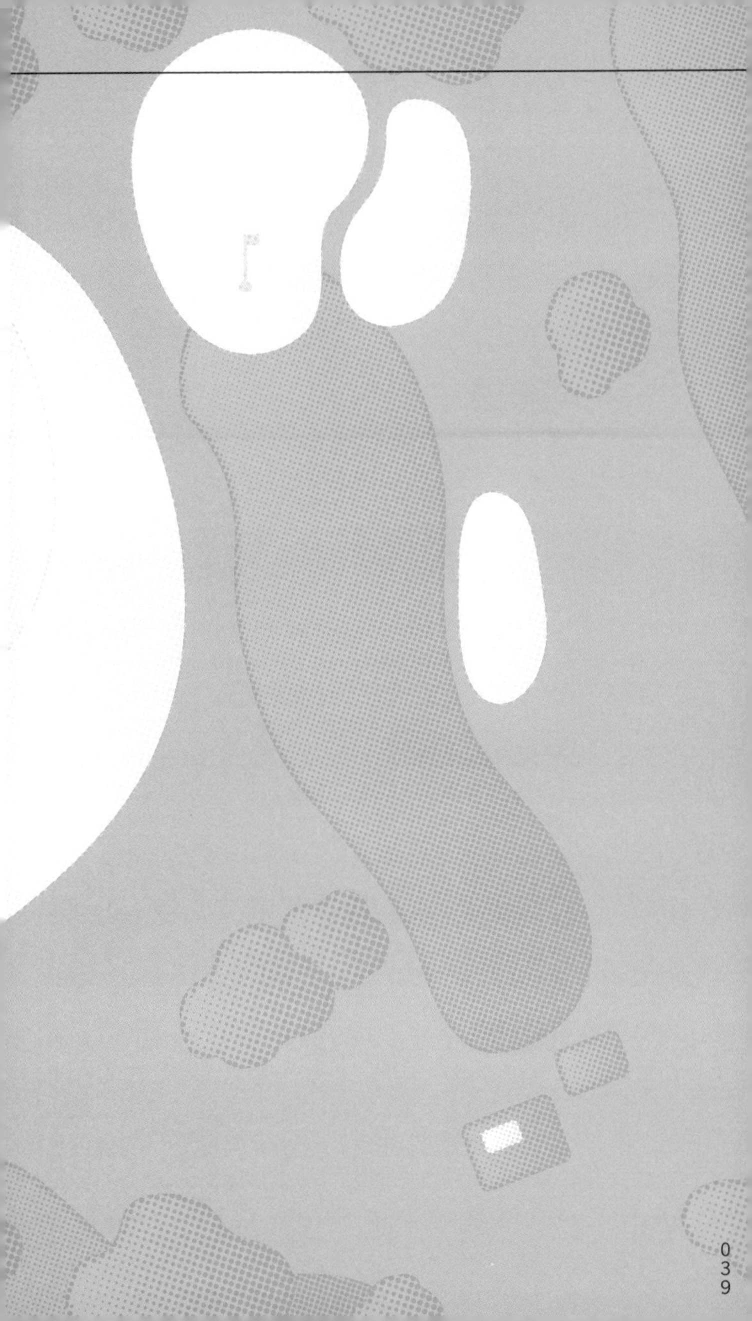

2019年の改正でルールはよりシンプルに！

さらに公正で明確になった“2019年新ルール”。主な変更点をまとめてみた。

ゲーム

☞プレーヤーは誠実であること(ルールに明記)。➲R1.2a
☞ゴルフはプレーヤーが自ら規則を適用し、必要であれば自らに罰を課すゲームである（明記)。➲R1.2a
☞委員会は行動規範を作り、それに違反したプレーヤーに1罰打、2罰打、失格を課すことができる。➲R1.2b
☞ドロップ、プレース、リプレースなどの場所を決定するためにとった行動が合理的であれば、ストロークを行った後に、他の情報によりその決定が間違いであると示されたとしても、訂正の必要はない。➲R1.3b(2)

コースのエリア

☞ティーインググラウンド➡ティーイングエリア ➲R2.2
☞スルーザグリーン➡ジェネラルエリア ➲R2.2
☞ウォーターハザード➡ペナルティーエリア ➲R2.2
☞ハザード➡撤廃 ➲R2.2
☞異常なコース状態やペナルティーエリアに、救済を受けなければならない「プレー禁止区域」を設定。➲R2.4

クラブ

☞違反クラブを持ち運んでも罰はないが、違反クラブでストロークをしたら失格。➲R4.1a(1)
☞損傷した理由、損傷した状態に関わらず、損傷したクラブは、そのまま使用するか、修理することができる。ただし、取り替えることはできない。➲R4.1a(2)

☞そのクラブを使っているプレーヤー以外が原因となってクラブが損傷した場合だけ、取り替えることができる。➲4.1b(3)例外
☞超過クラブをプレーから除外するには、他のプレーヤーに告げる以外にも、バッグに逆さに入れるなどの明確な行動をとることが求められる。 ➲R4.1c(1)

球

☞切れている、ひびが入っている球は取り替えられるが、単に引っかいた、こすった、ペイントがはがれただけでは取り替えることはできない。「変形している」ことでも取り替えられない。 ➲R4.2c(1)
☞球が切れたり、傷ついたかを確認するとき、マーカーや他のプレーヤーに声をかける必要はない。 ➲R4.2c(1)
☞球の取り替えは、規則に基づいて救済を受けてドロップ、プレースする場合、いつでもできる。 ➲R4.2c(2)

用具

☞距離計測機器で2点間の距離を計測することができる。ローカルルールでそれを禁止できる。 ➲R4.3
☞不適合ティーを使用した場合の罰は、最初の違反は2罰打、2回目の違反で失格となる。 ➲R6.2b(2)

打順、プレーのペース

☞時間節約のために打順を変えてプレーすることができる（レディーゴルフの推奨）。 ➲R6.4b
☞40秒以内でのストロークを行うことを勧める（プレーのペースの推奨）。 ➲R5.6b

ティーイングエリア

☞ティーマーカーを動かすことによって、ストロークに影響する状態を改善した場合は2罰打。 ➲R6.2b(4)
☞プレーした球がまだティーイングエリア内にある場合、罰なしにその球を拾い上げてティーアップして打ち直すことができる。 ➲R6.2b(6)

練習

☞その日の自分の最終ラウンドのプレー終了後、そのコース上で練習できる。ただし、ローカルルールで禁止できる。 ➲R5.2b

遅延、中断

☞レフェリーに援助を受ける、プレーヤーが怪我、病気など、正当な理由があるときは、少しの遅れが認められる。 ➲R5.6a
☞ラウンド中、プレーヤーはプレーを中断してはならないが❶委員会による中断❷マッチプレーの同意の中断❸個人による落雷の判断による中断は可能。

球の捜索

☞フェアな捜索の結果、ストロークに影響を及ぼす状態を改善しても罰はない。 ➲R7.1a
☞捜索中に偶然自分の球を動かしても罰はない。旧ルールでは1罰打（例外あり）だった。 ➲R7.4

ストロークに影響を及ぼす状態を改善

☞物を動かしてコースの状況を改善しても、ストロークする前に元に戻せば罰を免除する規定ができた。
➲R8.1c

球を動かす

☞球が動いたことが「わかっているか、事実上確実」ではない場合、球は動いていないとして扱われる。➲R9.2a
☞プレーヤーが止まっている自分の球を拾い上げたり、故意に触れたり、動かす原因となった場合、1罰打だが例外がある。❶動かされた球を元の場所にリプレースするなど規則が認めている❷球を見つけようとしている、確認しようとしている間❸パッティンググリーン上での偶然の動きが原因❹動かせる障害物を取り除くなど、規則を適用している間。 ➲R9.4b
☞ボールマーカーが、球をリプレースする前に偶然、拾い上げられたり、動かされた場合は罰なしにリプレース。旧ルールでは球のマークや、拾い上げるとき動かした場合のみ罰なし。 ➲R9.7

球を打つこと

☝2度打ちしても罰なし（旧ルールは1罰打）。 ➲R10.1a
☝ボールマーカーを置いたままストロークした場合は1罰打。 ➲R14.1a

アドバイス

☝スタンスをとるときに援助となるものを置いたらその時点で2罰打。 ➲R10.2b(3)
☝プレーの方向を示すために、キャディーを後方に立たせたままストロークすれば2罰打。 ➲R10.2b
☝後方にキャディーを立たせてスタンスしても、スタンスをといて、再び1人でスタンスをとってストロークすれば罰はない。 ➲R10.2b(4)詳説

球が当たる

☝球が偶然にプレーヤー、そのキャディーや用具に当たっても、罰はない（旧ルールでは1罰打）。 ➲R11.1

バンカー

☝球がバンカーの砂に触れていない場合、その球はバンカー内の球ではない。 ➲R12.1
☝バンカー内でも、ルースインペディメントを取り除ける。 ➲R15.1a
☝テストをするためでなければバンカー内の地面に触れても違反とならない（旧ルールでは手やクラブが砂に触れれば違反）。ただし❶球の直前、直後の区域に触れること❷練習ストロークで触れること❸バックスイングで触れることは禁止。 ➲R12.2b

パッティンググリーン

☝キャディーはプレーヤーの承認なしに球をマークして拾い上げることができる。 ➲R14.1

☞ボールマーカーは人工物でなければならない。
☞靴による引っかき傷などの損傷を修理することができるようになった。ただし、エアレーションの穴や、自然に芝が薄くなった状況などは修理できない。 ➲R13.1c
☞球やボールマーカーを偶然に動かしても罰はない。 ➲R13.1d
☞リプレースした球が動かされた場合、罰なしにリプレース。球がマークして拾い上げる前に動いた場合は、止まった箇所からプレー。 ➲R13.1d(2)
☞プレーの線を示すためにパッティンググリーン面に触れることができる。旧ルールでは触れることができなかった。 ➲R10.2b(2)
☞球がホールに立てられている旗竿に当たっても、罰なし。 ➲R13.2a
☞旗竿に球が寄りかかっている場合、球の一部でもグリーン面より下にあればホールに入ったことになる。旧ルールでは「球全体がホールの縁より下」とされていた。 ➲R13.2c
☞球が旗竿に付き添っている人や旗竿に偶然に当たっても罰なし。 ➲R13.2b(2)
☞「他の球がパッティンググリーン上でストロークされて動いている間、プレーヤーはストロークしてはならない」というルールは廃止。
☞目的外グリーン（使用されていないグリーンや他のホールのグリーン）が、スイング区域、スタンスの障害となった場合は救済を受けなければならなくなった。 ➲R13.1f

ドロップ

☞膝の高さから真っすぐ落とす（旧ルールでは肩の高さ）。 ➲R14.3b
☞ドロップした球は救済エリアに落ち、その救済エリアに止まらなければならない。 ➲R14.3c
☞ドロップした球が偶然、着地後に人や用具に当たっても救済エリアに止まればそのままプレー。旧ルールでは再ドロップ。 ➲R14.3c

☞誤った処置をした後に、訂正のために拾い上げるまでの間に起きた違反の罰はカウントされない。 ➲R14.5c

動かせる障害物など

☞ルースインペディメントはコース上のどこででも取り除ける。旧ルールでは、バンカーやハザードはNG。
➲R15.1a
☞援助となる球の拾い上げの要求ができるのはパッティンググリーン上だけ。拾い上げる代わりに、先にプレーすることもできる。 ➲R15.3a
☞援助となる球を残しておくことに同意した場合は2罰打。 ➲R15.3a

異常なコース状態

☞蜂や毒ヘビなどの危険な動物からの救済が受けられるようになった。 ➲R16.2
☞地面にくい込んだ球の救済がジェネラルエリア全域に拡大。旧ルールでは、スルーザグリーンの芝を短く刈っている区域の中だけ。 ➲R16.3
☞救済が受けられるかどうかを確かめるために球を拾い上げることができるようになった。 ➲R16.4

ペナルティーエリア

☞ウォーターハザードに代わるものとしてペナルティーエリア。池や川でなくても設定可能。 ➲R17
☞ペナルティーエリアでも、ジェネラルエリアと同じ規則を適用。クラブを地面につけられるし、ルースインペディメントを取り除くこともできる。 ➲R17.1b
☞異常なコース状態、地面にくい込んだ球、アンプレヤブルはペナルティーエリア内では不適用。 ➲R17.3
☞ラテラル・ウォーターハザードがなくなり、対岸での救済は廃止（ローカルルールを除く）。

OB、紛失球、暫定球

☞球の捜索時間は、探し始めてから3分間（旧ルールでは5分間）。 ➲R18.2a

☞暫定球は球を探しに出かけた後でもプレーできる。

アンプレヤブル

☞バンカー内の球を2罰打でバンカーの外にドロップすることができるようになった。 ➲R19.3

救済処置

☞救済エリアのサイズは最も長いクラブ（パター以外）で決定。 ➲定義：クラブレングス

☞救済処置に基づいてドロップ、プレースする場合、球を取り替えることができる。旧ルールでは罰がある救済のときのみ。 ➲R14.3a

☞ルールに基づいて球を拾い上げる場合、他のプレーヤーやマーカーに告げる必要はない。

定義

☞カジュアルウォーター➜一時的な水

☞動物の堀った穴は、すべて異常なコース状態となった。

☞パットの線は廃止。すべてプレーの線

☞ライ：ルースインペディメントと動かせる障害物はライの一部ではない。

ローカルルール

☞OB、紛失球の処置の代わりに、2罰打で球がOB、紛失となった地点を基点とした救済エリアから球をプレーすることが可能に。ただし、競技会での採用は勧められていない。

ゴルフルール
早わかり
Q&A

GOLF DIGEST
GOLF RULES
QUICK
REFERENCE

Starting Play
スタートする前に

Q ローカルルールとゴルフ規則の違いは?

〈ローカルルールの例〉
「コース内のすべてのコンクリート製の排水路はジェネラルエリアの一部として扱われ、ペナルティーエリアではない」

Q スタート時間に遅刻!逆に早くスタートしてしまった場合は?

Q マーカーとは何?誰がマーカーを決めるの?

競技では自分のスコアを別のプレーヤーがつけるのだ。

「マーカー」の仕事、減少?

What's that?

ローカルルールやスタート時間を確認し、遅れずにホールへ。クラブの本数と使用球を確認。一緒にラウンドするプレーヤーに挨拶をして、マーカーを確認しましょう。

規則を修正し特別に適用されるルール

➔R1.3

コースや競技のために特別に適用されるルール。競技はゴルフ規則とこのローカルルールに基づいてプレーされます。ローカルルールは掲示されていたり、スタートで配布されたりするもので、このローカルルールを確認しておくことはプレーヤーの責任。ローカルルールはゴルフ規則に優先します。

遅れても早すぎても、ペナルティー

➔R5.3a

プレーヤーはスタート時間が9時00分の場合、9時00分00秒にその準備ができていなければなりません。スタート時間に遅刻した場合は、2罰打。5分を超える遅刻は失格となります。また、5分より早くスタートした場合は失格、5分未満の場合は2罰打となります。

マーカーはスコアを記録する人

➔定義

マーカーはプレーヤーのスコアを記録するために委員会に指定された人で、マーカーには規則の裁定をする権限はありません。規則を適用する責任はすべてプレーヤーにあります。

カート道路に止まった球を、救済を受けてドロップする場合などに、マーカーが立ち会うかつての規則はなくなっている。規則では、ボールの拾い上げや救済エリアの決定など、プレーヤーが単独でルールを適用することを求めている。

Caddy
キャディー

Q キャディーを複数人使用することができる?

Q キャディーが規則違反をした場合は?

Q 共用のキャディーは誰のキャディー?

Q キャディーが単独でできるのはどんなこと?

「バンカーならし＝キャディーの業務」などと考えるべきではない。本来はプレーヤー自身の役割だ。

キャディーとはラウンド中にプレーヤーを助ける人でプレーヤーのクラブを運んだり、プレーヤーとアドバイスのやりとりができる唯一の人です。

キャディーは1人だけ ➲R10.3

ラウンド中、プレーヤーは一度に1人のキャディーだけを使用することができる。キャディーを複数人、使ってプレーすることはできません。

プレーヤーが罰を受ける ➲R10.3

ラウンド中のキャディーの規則違反はプレーヤーが責任を持たなければならない。したがって、キャディーが規則違反をした場合、その罰はプレーヤーが受けることになります。

指示したプレーヤーのキャディー ➲R10.3

複数のプレーヤーが1人のキャディーを使用している場合、あるプレーヤーからの指示のもとに行動しているキャディーは、その指示に関する行動をしている間はその指示を出したプレーヤーのキャディーとなる。特に指示がない場合に規則の問題が起きたときは、その規則に関連した球の持ち主のキャディーとなります。

バンカーをならしたり旗竿に付き添ったりできる ➲R10.3

キャディーはプレーヤーの承認なしに、次のことができます。

❶クラブ、用具の持ち運び、カートの移動、運転
❷アドバイス
❸旗竿（ピンフラッグ）の付き添い、取り除き
❹ルースインペディメント、動かせる障害物の取り除き
❺パッティンググリーン上で球をマークして拾い上げること
❻バンカーをならす

Q キャディーが プレーヤーの承認を得て できるのはどんなこと?

キャディーはプレーヤーと一体ともいえるが、主体はプレーヤーだ。

Q キャディーがやっては いけないことは?

Q アドレスの向きを キャディーに確認して もらってもいい?

キャディーをプレーの線の後方から動かしてスタンスし直せばペナルティーはつかない?

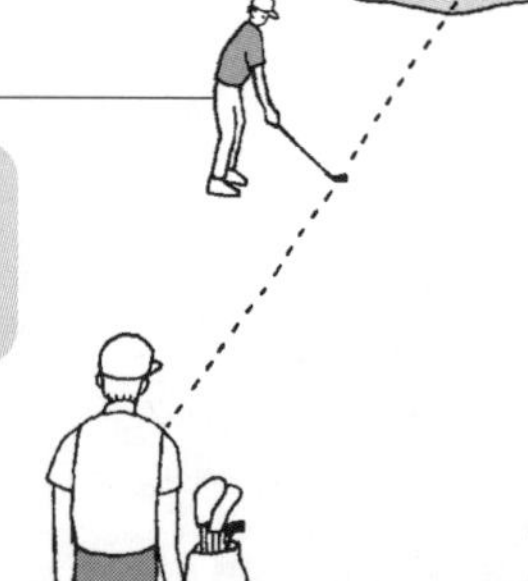

救済を受ける球を拾い上げることもできる ➡R10.3

プレーヤーが承認すれば、キャディーは次のようなことができます。
❶プレーヤーの球が止まった後に悪化した状態を復元すること。例えば、止まっている球の近くに他の球が飛んできて作った穴の修復
❷規則に基づいて救済を受けることをプレーヤーが決めた後に球を拾い上げること

救済を受けるかどうかをキャディーが決めることはできない ➡R10.3

キャディーは、次のようなことをやってはいけません。
❶キャディーが拾い上げていない球をリプレースすること
❷救済エリアにドロップしたりプレースすること
❸救済を受けることの決定。この決定をする権限はプレーヤーだけにある

理由を問わず後方に立たせてはいけない ➡R10.2 詳説

プレーの線を示すため、自分のキャディーや他のプレーヤーに、プレーの後方線上やその近くに立ってもらうことはできません。もし、プレーの線の後方にキャディーがいたとしても、プレーヤーがキャディーをどかしてスタンスを改めてとり直せば、罰はありません。

Practice
練習

Q スタート前はどこで練習することができる?

Q 素振りは練習になる?

Q ラウンド中に練習をすることはできる?

親切心で他のプレーヤーに球を戻すために打ったのは練習にはカウントしない。

「委員会」とは誰を指す?

What's that?

**プレーをスタートする前、
そしてスタートした後に練習することについては
いくつかの制限があります。**

認められた練習場では練習することができる ➡R5.5

コース内で練習することはできない。このコース内とはアウトオブバウンズにはなっていない場所を意味する。ただし、委員会が認めた練習区域での練習や、最初のティーイングエリアの近くでパッティングやチッピングの練習をすることはできます。

素振りは構わない ➡R5.5

ホールをプレー中、規則で禁止されているのは、ラウンド中に実際に打球する「練習ストローク」であり、球を打つ意思のない「練習スイング」である素振りはいつ、どこで行っても構わない。

ラウンドが始まった後は練習をすることはできない ➡R5.5

原則として練習することはできないが、ホールとホールの間では次の❶〜❸の場所か、その近くで、パッティングやチッピングの練習をすることができます。

❶終了したばかりのパッティンググリーン
❷練習グリーン
❸次のホールのティーイングエリア

英語では「committee」。ゴルフルールで使う「委員会」は、競技やコースを管理する人、またはグループのこと。競技では、ルールに対する最終決定権を持った人たちが「委員会」であり、最終決定権を持った個人が「レフェリー」だ。

Pace of Play
プレーのペース

Q スロープレーとなってしまう目安は?

18ホールを4時間少々で回るには
毎ショット40秒はかけられない。

Q ラウンド中、トイレに行くことはできる?

Q スロープレーの罰打は?

トーナメントでスロープレーによりペナルティーを科せられる事件が時折。

STROKE 4 + PENALTY 1

Q プレーのペースを遅らせないために打順を変えることはできる?

**ラウンド中は一緒にプレーしている
他のプレーヤーだけでなく、
コース全体のプレーヤーのことも考えて、
速やかにプレーしなければなりません。**

1ストローク40秒以内が目安 R5.6

規則では1ストロークを40秒以内に行うことを推奨している。40秒は1ストロークを行うのに十分な時間で、通常はそれより速くプレーすることを心がけましょう。

スロープレーにならなければOK R5.6

プレーを遅らせることがなければトイレ等に行くためにコースを離れることは違反とはなりません。

3段階で罰が重くなる R5.6

プレーを正当な理由なく遅らせた場合、最初の違反は1罰打。2回目の違反は2罰打、3回目の違反で失格。違反がホールとホールの間で起きた場合、罰打は次のホールに適用されます。

失格

むしろ推奨されている R6.4

先にプレーすべきプレーヤーがまだ準備ができていない、トイレに行っているなど、プレーのペースを遅らせないことを目的に打順を変えてプレーすることができる。プレーのペースを遅らせないための打順変更は、安全が確認できる状況では認められているだけでなく、推奨されます。

THAT'S WHY

1

「罰打」という名の1ストローク

ゴルフルールは刑法じゃない

「ペナルティー」という語感に、ゴルファーはおののくのである。純朴な人ほど「罰打を科す」などと言われると「悪いことをした」「犯人なのか？」とまで連想しかねない。ルールという権力に服従する、窮屈な気分でゴルフをしているのでは!?

しかし規則書をよく見てほしい。「1打罰」（1打の罰を科すぞ）ではなく、「1罰打」と書いてある。

例えば球が木の根にはまり、アンプレヤブルを宣言してドロップするとしよう。ルールには「1罰打」とあるが、実はふつうに打てる位置に移動するにあたり、1ストローク付加してスコアをカウントするだけ。悪い子は許さねぇと、鬼が怒っているわけではない。

谷底に行った球が見えているが、打つのは大変そうだと思うのもよくある話。その球は自由に放棄できる。「1罰打」を加え、最初に打った位置から都合3打目として打てばいい。これはストロークと距離の罰と呼ばれる、罰打の原形のようなものである。

予定より2打多いと苛立つかもしれないが、草木をかきわけて崖を下らずに済むよう、ルールはむしろ助けてくれている。

RULE
+1

Teeing Area

ティーイングエリア

Q ティーイングエリアの範囲はどこまで?

エリア内

エリア外

Q ティーイングエリアの外にある球とは?

Q ティーショットでティーイングエリアの外にある球をプレーした場合は?

Q ティーマーカーを動かしたら?

「ティーマーカーの位置は、委員会が設定する。そしてそのティーイングエリアからプレーするすべてのプレーヤーに対して同じ位置のままであるべきである」と規則で定められている。

ティーイングエリアとはホールをスタートするエリアです。プレーヤーはそのティーイングエリア内から球をプレーしなくてはなりません。

マーカーから2クラブの長さの奥行きがあるエリア ➡R6.2

ティーイングエリアの範囲は下記のとおり。
☞前側は2つのティーマーカーの最も前方を結ぶ線
☞横側は2つのティーマーカーの外側で後ろの2クラブレングス

一部でも内側にあればティーイングエリア内の球 ➡R6.2

球全体がティーイングエリアの外にある場合に、ティーイングエリアの外にある球。球の一部がティーイングエリア内にあれば、その球はティーイングエリア内の球となる。

2罰打でプレーをやり直す ➡R6.1

2罰打を加え、改めてティーイングエリア内から球をプレーしなければならない。ティーイングエリアの外から球をストロークした打数はカウントしないので、次は3打目となる。この訂正のプレーをせずに、そのホールを終えて次のホールのティーショットをプレーした場合は失格です。

2罰打のペナルティー ➡R6.2 / 8.1

ティーマーカーはティーイングエリアを決めるため設置されたものなので、ティーイングエリア内に球があるときに動かすことはできない。スタンスの邪魔になるからといってティーマーカーを動かしてプレーした場合は2罰打。

Q 球をのせるティーの規定はある?

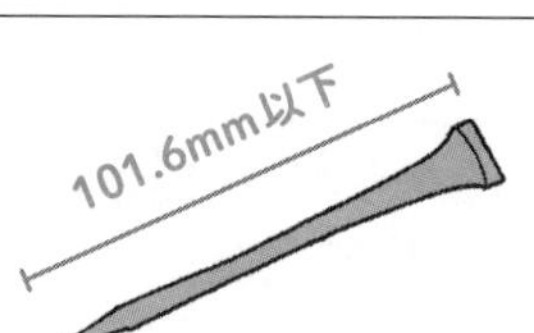

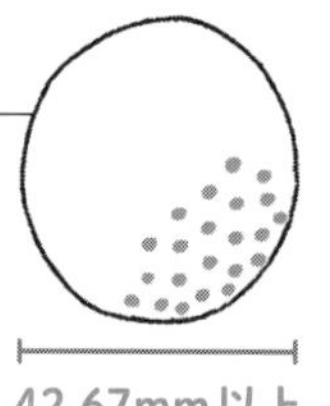

Q ティーイングエリア内の地面の凸凹をならしてもいい?

Q ティーイングエリアで木の枝を折ってしまったら?

Q 空振りで球がティーから落ちたら?

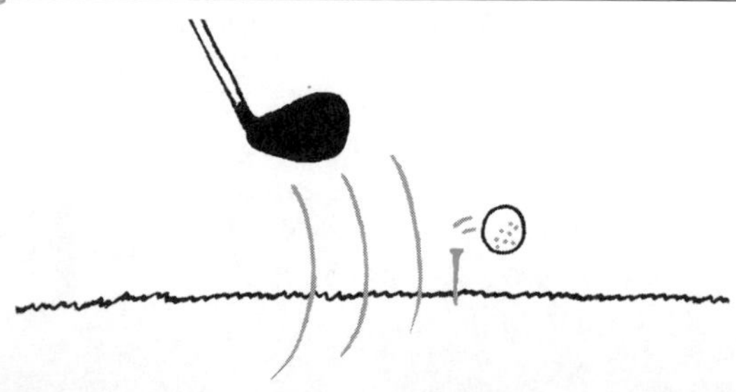

規則違反のティーを使うことはできない R6.2

定義

ティーは4インチ（101.6mm）以下でなければならず、球の動きに影響を及ぼす機能や、プレーの方向を示すことができる形状のものを使用することはできない。規則違反のティーを使用した場合、最初の違反は2罰打、2回目の違反は失格となります。

平らにしてからプレーできる R6.2

罰なし

ティーイングエリア内の地面の不正箇所や凸凹は、平らにしてからプレーすることができます。

ティーイングエリアで直せるのは、地面だけ R6.2b 8.1a

ティーイングエリア内では、凸凹を直したり、芝を押さえつけることなど、地面を改善することは認められている（**R6.2b**）。しかし、ティーイングエリアに張り出している木の枝など、ストロークに影響する状態を改善することは、認められておらず、枝を折ってしまえば2罰打となります。

罰なしにティーアップして2打目を打てる R6.2b(5)

罰なし

ストロークする前にティーアップした球をティーから落としても、その球がティーイングエリア内にあれば罰なしにティーアップし直して、球を打てます。ティーアップする場所を変えることもできます。素振りや、ストロークを行う準備をしている間に偶然に球を動かしても、それはストロークとはみなされません。

Order of Play
打順

Q 打順を間違えてプレーした場合、罰はある?

Q ティーイングエリアで暫定球をプレーする場合の打順は?

打順よりも「暫定球を打つ」というフレーズを口に出して言うことが大事。
Rule Man

Q ティーイングエリア以外の場所で暫定球をプレーする場合の順番は?

Q パッティンググリーン上でのパットする順番は?

「お先に！」と言ってカップインするのが悪いわけはない。
Rule Man

原則として、最初のホールは組み合わせの順番で、第1打をプレーした後はホールから遠い球からプレー。そして次のホールのティーイングエリアでは前のホールでのスコアが最も少ないプレーヤーからプレーしていきます。

わざと変えれば2罰打 R6.4

打順を間違えてプレーしても罰はない。しかし、誰かを有利にするためにわざと打順を変えることに同意した場合には、関係したプレーヤーは2罰打を受けます。

他のプレーヤーが打ち終わった後に打つ R6.4

ティーショットがOBかもしれない、または紛失しているかもしれないと思った場合にプレーする暫定球は、他のプレーヤーたちがそれぞれ第1打をプレーした後にプレーします。

他のプレーヤーが打つ前にストロークする R6.4

他のプレーヤーがプレーする前に、直前のストロークに続いてプレーします。

ホールより遠い方が先にプレーだが、例外もある R6.4

原則のとおり、ホールより遠いプレーヤーから先にプレーするが、パッティンググリーン上で短いパットを先にプレーしたり、スタンスをとろうとすると他のプレーヤーのプレーの線を踏んでしまう場合などは、プレーの順番を変えることができます。

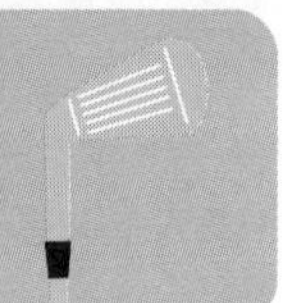

Clubs
クラブ

Q 規則違反のクラブを持ってラウンドしてしまった場合は?

Q 14本以内であればドライバーを2本持ってプレーしてもいい?

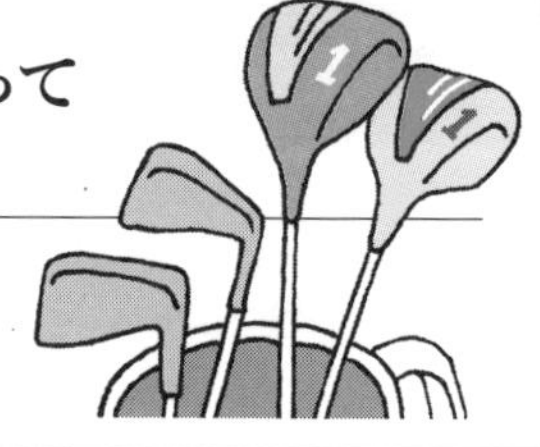

Q 他のプレーヤーのクラブを借りてもいい?

球は他のプレーヤーからもらって使ってもいいのだ。しかしクラブは……。
Rule Man

Q 15本持ってラウンドしてしまった場合は?

14本に制限されたのは1938年。20世紀前半は何十本もクラブを持ち歩くプレーヤーがいて、キャディーからクレームが出ていた。
Rule Man

クラブは規則に適合したものを使用します。
クラブを貸し借りすることはできませんし、
1ラウンドで持ち運べるクラブは14本までです。

違反クラブでストロークすると競技失格 ➔R4.1a

罰なし

失格

違反クラブを持ち運んだだけでは罰はない。ただし、違反クラブでストロークした場合は、失格となります。

ドライバー2本、パター2本でもOK ➔R4.1

罰なし

14本のクラブの種類は制限されていない。例えば、パターを2本、ドライバーを2本持っていても合計の本数が14本以内であれば罰はありません。

クラブを借りてプレーしたら1ホール2罰打 ➔R4.1b

2罰打

4罰打

失格

同じコースでプレーしている他のプレーヤーのクラブを使用することはできない。使用してしまった場合、違反のあったホールのスコアに2罰打を追加します（1ラウンドで最大4罰打まで）。使用をやめないと失格。

15本目のクラブをすぐに除外する ➔R4.1c

失格

違反を発見したらすぐにマーカーか他のプレーヤーに、そのプレーから除外するクラブを告げます（2罰打、最大4罰打）。あるいは、除外するクラブをバッグから出してカートに置くなどの明確な行動をとります。14本を超えるクラブを除外するこれらの処置をとらなかった場合は、失格。

Q ラウンドをスタートする直前にクラブが15本あることに気づいたら?

Q ラウンド中にクラブを追加することはできる?

Q ラウンド中にクラブを自分で壊してしまった場合は?

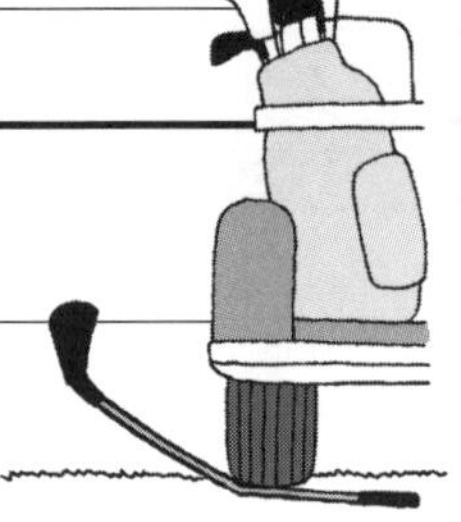

Q クラブが他人によって壊された場合は?

Q ラウンド中にクラブの性能を変更してもいい?

カチャカチャとフェース向きを変えられるようなクラブが出て以降、“性能変更”はよりクローズアップされた。仮にラウンド中に自分で調整してしまった場合、ストローク前に元に戻せば罰はない。

プレーをスタートする前に使わないクラブを明確にする ➔R4.1c

そのラウンドのプレーから除外するクラブを明確にする処置をとれば罰なし。何もせずにプレーを始めると1ホールにつき2罰打、最大4罰打となる。

プレーを遅らせなければOK ➔R4.1b

罰なし

持ち運ぶクラブの本数が14本を超えなければ、ラウンド中にクラブを追加することができる。ただし、プレーを不当に遅らせたり、持ち運んでいるクラブの部品を組み立てたりすることはできません。

修理できる ➔R4.1a

ラウンド中にクラブを壊してしまった場合、罰なしにそのまま使用するか、プレーを不当に遅らせなければ修理することができます。

修理または交換 ➔R4.1a

ラウンド中にクラブが他人によって壊されてしまった場合（例えば、他人に踏まれた、カートに轢かれた)、罰なしにそのまま使用するか、プレーを不当に遅らせないで修理するか、他のクラブに取り替えることができます。

性能を変えても罰はないがそのクラブを使えば失格 ➔R4.1a

ラウンド中にクラブの性能を故意に変更した場合（例えば鉛テープを貼る)、性能を変えたことだけでは罰はないが、そのクラブでストロークをした場合は、失格となります。

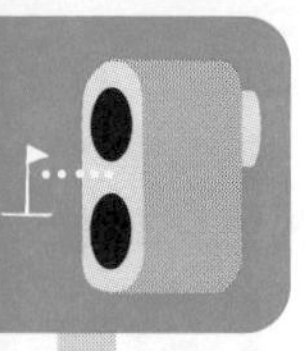

Equipment
使える用具、使えない用具

Q 距離計測機器を使用することはできる?

ローカルルールで禁止する場合もあるので注意。

Rule Man

Q 距離計測機器で測れるものは?

Q 多機能の距離計測機器やスマートフォンは使える?

スマートフォンのアプリでグリーン面の傾斜を測るのはもちろんルール違反。水の入ったペットボトルを置いて、水面の傾きで傾斜を読むのも違反となる。

Q オーディオプレーヤーやビデオを使いながらプレーできる?

**クラブと球以外の用具には、
距離計測機器など、使用できる用具と
使用できない用具があります。**

使用できる ➲R4.3

距離を計測することはできる。ただし、委員会がローカルルールでその使用を禁止している場合もあります。スタート前にローカルルールを確認しておきましょう。

距離だけ。高低差や風力はNG ➲R4.3

計測できるのは2点間の距離だけ。例えば、球からグリーンエッジまでや、ある木からバンカーの先端までの距離です。それ以外のプレーに影響する状況、例えば高低差、風向き、風力などを計測することはできません。

距離以外を計測しなければ使用できる ➲R4.3

どのような機能がついていても、2点間の距離以外のプレーに影響する状況を計測する機能を使用しなければ違反とはならない。もし違反となる計測機能を使った場合は最初の違反は2罰打、2回目の違反は失格となります。

スイングテンポに生かすと違反

失格

プレーに関連しないニュース映像などを観ることはできるが、周囲への配慮が必要（**R1.2**）。また、他のプレーヤーのスイング動画を撮影し、観ることは、自分のプレーの援助になるので違反。1回目の違反は2罰打、この規則に対する2回目の違反は失格。

Q 距離計測機器を借りたり、共有することはできる?

Q 距離についての情報を他のプレーヤーに聞いてもいいか?

Q ラウンド中に練習器具を使用できる?

Q クラブの形をした練習器具なら使用できる?

「どこを狙えばいい?」はアドバイス?

What's that?

A 借りても共有しても大丈夫 ➔R4.3

罰なし

ゴルフルールではクラブの貸し借りが禁止されているが、それ以外の用具の貸し借りを禁止していません。

A 距離の情報は聞いても、教えてもOK ➔R4.3

罰なし

2点間の距離の情報はアドバイスではありません。

A 練習器具はラウンド中使用できない ➔R4.3

ラウンド中に練習器具を使用することはできません。最初の違反は2罰打、2回目の違反は失格となります。

A 使用できないがクラブの1本として数えられる ➔R4.3

ラウンド中は練習器具を使用することはできない。その練習器具がクラブヘッドとシャフトから構成されるものであればクラブとみなされ、クラブの1本として持ち運んでいることになり、14本の1本としてカウントされます。

ストレッチ用の棒状の用具は、そのデザインの目的が純粋にストレッチのためなのか実はアライメントチェックのためなのか問わず認められる。が、それはルール上の線引きをしただけであり、疑わしい行為は慎むべき。

グリーンが見えない。そんなとき他のプレーヤーが「グリーンはこっち！」と場所を教えても罰はない。だが自分のキャディー以外に、戦略的な意味で「どこを狙えばいい？」と訊くとアドバイスを求めたことによる違反となる。注意が必要だ。

Stroke
球を正しく打つ

Q クラブならどの部分で球を打ってもいい?

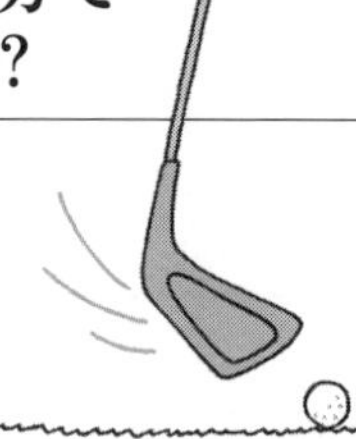

Q 違反となる打ち方はどんなもの?

ラインを跨いで構え、両足の真ん中に置いたボールを押し出すように打つ。ツアー82勝の名手サム・スニードが考案したクロッケー・スタイルと呼ばれたこのパッティングは「入りすぎる」ため、1968年に禁止されている。

Q 偶然“2度打ち”になったら?

球はクラブヘッドで打たなければなりません。
ゴルフはクラブを両手でコントロールする技術を競うゲーム。
その原則に反する打ち方がルールで制限されています。

ヘッドで打てば ルール違反にはならない ➡R10.1

クラブヘッドであればどの部分で打っても構いません。

押し出したり かきよせるのは、違反 ➡R10.1

球とクラブが一瞬だけ接触するように打たなければならないので、押し出したり、すくい上げたり、かきよせたりするような打ち方は違反。この規則に違反して行ったストロークは1打とカウントされ、2罰打となります。

プレーの線を跨いだり、踏んだりしながらプレーすることは禁止されている。2019年からは、グリーン上だけでなく、木の根元などからの"股抜きショット"もNGで、2罰打となった。

2回以上当たっても 偶然ならば1ストローク ➡R10.1

プレーヤーのクラブが偶然に2回以上球に当たった場合、1回のストロークとなるだけで、罰はありません。

Anchoring
アンカリングの禁止

Q アンカリングの禁止とはどういうこと?

クラブを体に固定するのは認めない。"アンカリング"は2016年からルールで禁止されている。

Q アンカリングの違反となるのはどんなこと?

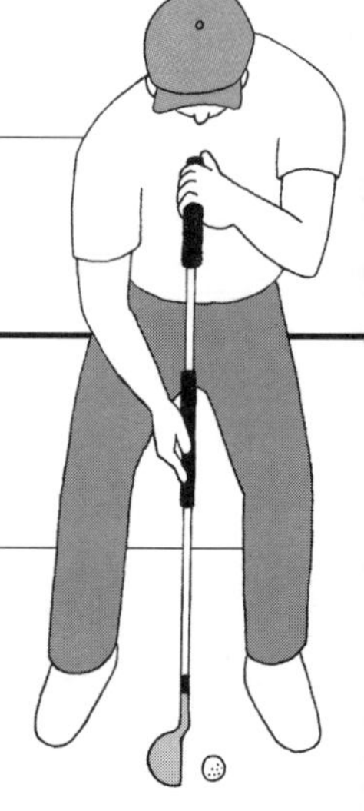

Q グリップエンドが服に触れても、アンカリングの違反?

「長尺パター」も禁止なのか?

What's that?

体に固定することなく自由にスイングを行うことにより、クラブ全体の動きを管理・操作するのがゴルフというゲームの本質です。

A クラブを体に固定してストロークすることの禁止

➡規則10.1

クラブは両腕（片腕のときもあるが）でコントロールしてプレーするもの。したがって、クラブの一部を体に固定して、そこを支点のように安定点としてクラブを動かす打ち方は禁止されています。アンカリングとは「固定する」という意味です。

A 固定できないのはグリップエンドや手、前腕

➡規則10.1

2罰打

例えば、グリップエンドを体の一部に固定して打ったり、グリップを持っている手や前腕を体に固定して打ったりした場合は違反となります。違反した場合は2罰打です。

A 固定しなければ違反にはならない

➡規則10.1

罰なし

アンカリングの規則はクラブや、クラブを握っている手を体に固定することを禁止したもの。体に固定をして安定点を作っているのではなく、単に衣服にクラブや手が触れているだけでは規則違反とはなりません。

2016年から「アンカリング」は禁止されたが、長尺パターを使うことまで禁止されたわけではない。前腕やグリップエンド、それを持った手などを固定しなければ長尺や中尺のパターを使っても違反ではない。

Balls
球に関連したルール

Q 公認球とはどんな球のこと?

Q 球はいつでも取り替えられる?

救済のドロップをするときは別の球にできるのだ。

Q 球をふけるケースとふけないケースは?

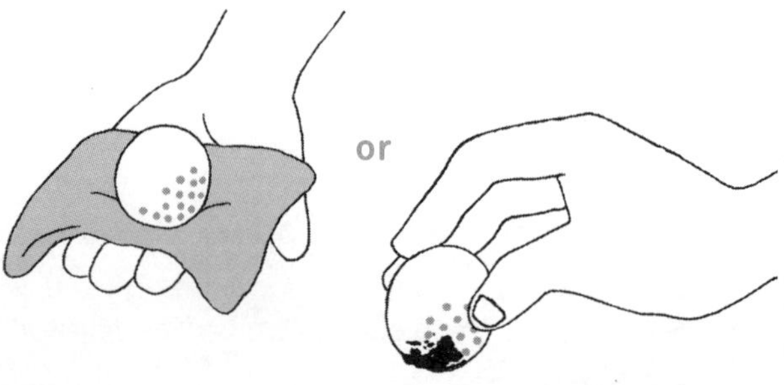

**球はルールに適合したものを使用します。
原則として、ティーイングエリアからプレーした球で
ホールアウトしなければなりませんが、
球を取り替えることができる場合があります。**

テストに合格し リストに載っている球のこと R4.2

公認球とはR&AまたはUSGAのテストに合格した球のことです。「公認球リストに掲載されている球を使用しなければならない」というローカルルールが制定されている競技では、そのリストに掲載されている球を使用しなければなりません。

ホールとホールの間や、救済処置の際に取り替えられる R6.3b

原則としてホールのプレー中は球を取り替えることができないが、ホールとホールの間では球を取り替えられます。また、規則に基づいて救済処置を受ける場合は球を取り替えることができます。例えば、道路からの救済、ペナルティーエリアからの救済などで、取り替えが可能です。

球をふけないのは この4つのケース R14.1c

インプレーの球を規則に基づいて拾い上げた場合、その球をふくことができます。ただし、次の4つの規則に基づいて拾い上げた球をふくことはできません。

❶球が切れたか、ひびか入ったかを確認するため R4.2c
❷自分の球かどうか確認するため R7.3
❸他のプレーヤーのプレーの障害となるため R15.3
❹球が救済を受けられる状態にあるかどうかを確かめるため R15.4

Q 球が切れたり、ひびが入った場合、どうすればいい?

Q 球に引っかき傷が!取り替え可能?

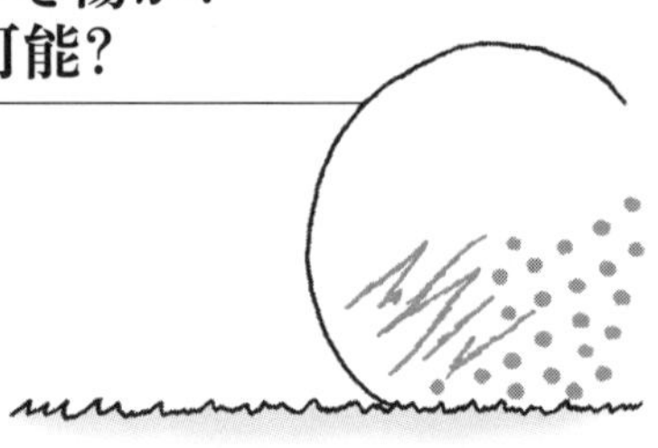

Q リプレースの際に球を替えられる?

Q 球をカイロで温めて使ってもいい?

「規則に基づいて○○する」って、どんな意味?

What's that?

他の球に取り替えOK ➲R4.2

止まっている球が切れているのか、ひびが入っているのかを確かめたいときは、球の位置をマークして拾い上げて確認する。ただし、球をふくことはできません。球が損傷していなければ元の位置にその球をリプレースします。

引っかいた、こすれたでは球は替えられない ➲R4.2

単に引っかいた、こすった、ペイントがはがれた、色あせただけの場合は、球を取り替えることはできません。球のこすれをもって“損傷”と主張する人がいましたが、明確に取り替え不能となりました。

リプレースでは元の球を使う ➲R4.2

使っていた球をリプレースすることが義務づけられているが、例外も。「プレーヤーの故意ではなく、数秒以内に合理的な努力により球を取り戻すことができない場合」となっており、他の人が誤球して池に打ち込んだ場合などが、それに当たります。

故意に温めて打つと失格に ➲R4.2a

温めたり、こすったりして性能を故意に変えた球で、ストロークすると失格となる。寒い冬のプレーの際、使い捨てカイロで故意に温めるのも、もちろん違反行為です。

この表現が規則書にはたびたび出てくる。例えば球がカート道路に止まったとき“規則に基づいて”救済を受けるといえば「完全な救済のニヤレストポイントを基点とした1クラブレングスの救済エリア内に、膝の高さからドロップ」という、規則で決められたやり方で救済を受けるという意味。

Q “誤球”とはどんな意味?

Q 誤球をプレーしてしまった場合どうなる?

Rule Man
だから自分の球に印をつけろと言うのだ。規則書にも明記された。

Q 誤球したのち自分の球を発見できないときは?

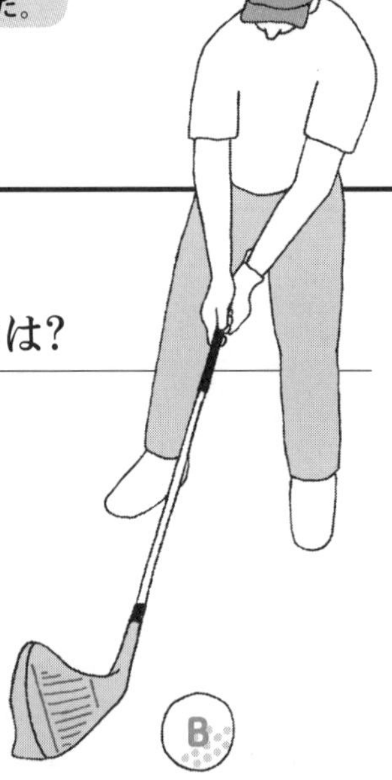

Aさんが Bさんの球を打ってしまうと誤球をプレーしたことに

球を拾うときはとにかくマーク?

What's that?

自分のインプレーの球、暫定球、第2の球以外の球すべて

他のプレーヤーの球、捨てられている球、OBとなった球、紛失球となった球は誤球です。

2罰打を加え自分の球をプレー ➡R6.3

誤球をプレーした場合は、2罰打を加え、改めて自分の球を見つけてプレーします。誤球をストロークした打数はカウントしません。したがって、第2打地点で誤球のプレーをした場合、その誤球を何回プレーしたかに関係なく、自分の球を見つけてそれを4打目としてプレーをしなければなりません。

誤球の2罰打、紛失球の1罰打、合計3罰打で別の球をプレー ➡R6.3c / R18.2

誤球したあと、3分以内に自分の球を見つけることができなければ、その自分の球は紛失球。1罰打を加え最後に自分の球をストロークした地点に戻って別の球をプレーします。例えば、第2打地点で誤球のプレーをし、自分の球が発見できない場合、誤球の2罰打と紛失球の1罰打を加え、ティーイングエリアから5打目をプレーします。

救済を受けられるケースでは球をマークせずに拾い上げることができるが、球を元の場所にリプレースする場合は、球を拾い上げる前にその箇所をマークする必要がある。自分の球かどうか確認する場合も、球を拾い上げるならまずマーク。マークしてから拾い上げる習慣をつけよう。

Search the Ball
球を探す

Q 球を探すことができる時間は?

2018年まで5分だったが短縮された。

Q 紛失球となった場合どうすればいい?

最初に打った球が見つからず、元の位置で打ち直し。この時間と労力をセーブするには暫定球を打つことだ

Q 止まっている球が自分のものか確認したいときは?

マークは忘れずに。
基本、ふかずに確認。
ふきすぎは1罰打。

Q 球を探しているときに草や木を曲げても大丈夫?

球を探す時間は3分間に制限されています。
また、球を探すときに球を動かしたり、
草木を曲げたりすることについてのルールがあります。

球を探し始めてから3分以内 18.2

球を探し始めてから3分以内に球を見つけることができなければ、紛失球です。

最後に球を打った場所に戻り1罰打でプレー R18.2

1罰打を加え、最後にプレーしたところからプレーをします。例えば、ティーショットが紛失球となった場合、3打目をティーイングエリアからプレーする。

球をマークして拾い上げる。確認のため一部ふくこともできる R7.2

球をマークして拾い上げ、自分の球かどうかを確認することができます。この場合、自分の球であることを確認するために必要な程度で球をふくことが可能。例えば、泥がついていて番号が見えない場合、その番号が見える程度にふくことができます。

曲げても折っても罰はつかない R18.2

ゴルフの原則は「コースはあるがままにプレーする」。プレーに影響する場所の草木を曲げたり、折ったりすることはできません。しかし、球を見つけるため、合理的で必要な行動をとっているときに草や木を曲げたり、その結果、草木を折ってしまっても罰はない。

Q 球を探しているときに自分の球を動かしてしまったら？

Q 球を探す"3分"はどの時点からカウント？

「合理的行動」
と規則書に何度も出てくるが？

What's that?

偶然に動かしても罰はなし。球は元の位置にリプレース ➔R7.4

球を探しているときに偶然に自分の球を動かしてしまっても、合理的行動をとっていたのであれば、罰はありません。動かした球は元の位置にリプレースする。元あった位置が完璧に特定できない場合は、位置を推定してリプレース。

プレーヤーまたはそのキャディーが球のありかを探し始めたときから ➔R18.2

球を探し始めてから3分以内にその球を見つけられなければ、紛失球となります。ただしプレーヤーには球の確認に必要な合理的時間が認められます。球が3分以内に見つかれば、その球の場所まで行き、球が自分のものかどうかを確認する時間は、3分間とは別に認められるということです。

捜索中に球を見つけ、自分の球か確認したいときは、必ずマークして拾い上げるべし。確認ができる範囲で泥を落としてもいい。マークしなかった場合は1罰打。

「合理的な行動をとってフェアに捜索する」などという場合の「合理的」の意味である。無駄なく効率的で、理にかなっていること。よって、蹴り出す作為をもった探し方でなければ、球を蹴ってしまっても罰なしというわけだ。

Play as It is Found

あるがままにプレー

Q 球の真後ろの地面を、クラブで平らにしてもいい？

Q 練習スイングで木の枝を折ってしまったらペナルティー？

Q 他のプレーヤーのショットでとれた芝が球の近くに止まった。ディボット跡に戻せる？

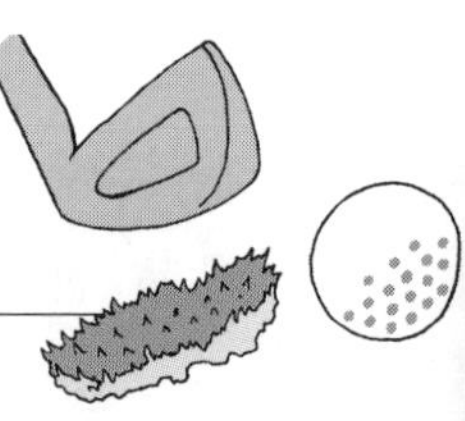

球の上に虫！
これはルースインペディメント？

What's that?

原則としてストロークに影響を及ぼす状態を改善してはいけません。ストロークに影響を及ぼす状態とは、球のライ、スタンスや意図するスイング区域、プレーの線のことです。

平らにできるのはティーイングエリア内だけ ➡R8.1

バンカー内でなければ球の直前、直後にクラブを軽く地面に置くことは許されているが、その程度を超えて、例えばクラブで地面を叩いてその盛り上がっている箇所を改善することはできません（違反は2罰打）。ただし、ティーイングエリアからプレーする場合は、そのティーイングエリア内の地面の不正箇所を直すことができます。

結果としてスイングしやすくなってしまったら2罰打 ➡R8.1

その枝を折ったことによって、ストロークのためのスイング区域が改善されたという事実がある場合には、2罰打を受けます。

罰なしに、ディボット跡に戻すことができる ➡R15.1

切り取られた芝（ディボット）は、ルースインペディメントとして、罰なしに動かすことができます。すでにディボット跡に戻されているディボットは、動かすことはできません。

死んだ虫は球に貼り付いているとみなされ、ふきとれない場合がある。しかし生きている虫は、止まっていても球に貼りついていることはない。だから、ボールの上の生きている虫は、ルースインペディメントとして取り除いてもいいのだ。

Q 球の真後ろにある邪魔な砂を取り除いたら罰を受ける?

Q バックスイングに邪魔なOB杭を抜いてしまったら?

ペナルティーエリアや修理地の杭は抜いていいがOB杭は別。

Rule Man

Q バンカーで並んだ球を拾い上げた場合、変えられたライは、元に戻せる?

バンカーで並んだ球を1人が打てば、マークして拾い上げていたプレーヤーの球のライは変わっているだろう

"元の状態に復元"はどんな意味?

What's that?

砂はグリーン上以外では取り除けない ➔R8.1

砂はルースインペディメントではないので、ストロークに影響を及ぼす可能性がある場合には取り除くことはできません（違反は2罰打）。ただし、パッティンググリーン上では取り除くことができます（罰なし）。

OB杭は動かすことができない ➔R8.1

OB杭は動かすことができません。OB杭を抜いた結果、ストロークに影響を及ぼす状態を改善したという事実があり、その状態でストロークした場合は、2罰打を受けます。ただし、OB杭を元の位置に戻してからストロークを行った場合は、罰はありません。

罰なしに元の状態に戻さなくてはならない ➔R14.2

左のイラストのような、バンカー内でストロークの妨げになる球を拾い上げたときは、ストロークした後にライを元の状態に復元しなくてはならない。球は罰なしに、リプレースする。

どんなライ、どんなコースエリアでも、ライが変えられる前に“できる限り近い状態”に戻すのが“復元”だ。バンカーであれば砂への球の埋まり具合なども、なるべく正確に再現する。

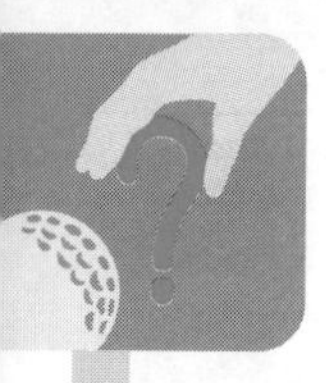

Play as It Lies

球を動かした!

Q 止まっている自分の球を動かしてしまった場合は?

Q 救済を受けようとしていたら球を動かしてしまった。どうすればいい?

Q 他のプレーヤーにより自分の球が偶然に動かされたら?

Q 構えていたらクラブが当たり球が揺れたが大丈夫?

**球はあるがままにプレーするのがゴルフの原則。
ルールで認められている場合以外は、
球は止まっている所からプレーしなければなりませんし、
動かしてはいけません。**

1罰打でリプレースだが罰がない場合も ➲R9.4

1罰打を加え、その球をリプレースします。ただし、次の4つのケースでは罰なしにその球をリプレース。
❶球を捜索中、偶然に動かした場合
❷パッティンググリーン上の球を偶然に動かした場合
❸ルールを適用している間に偶然に球を動かした場合
❹ルールが球を動かすことを認めている場合（救済処置など）

罰はない ➲R9.4

救済処置をとるために基点を決めている場合や、ルールに基づいて球を拾い上げようとしている場合、動かせる障害物を取り除く場合など「ルールを適用している間に偶然に球を動かした場合」は、罰はありません。救済処置で別の場所にドロップやプレースする場合はリプレースする必要はありませんが、それ以外の場合は、リプレースします。

誰にも罰はない ➲R9.6

誰にも罰はなく、その球を元の位置にリプレースしなければなりません。

揺れて戻れば球は動いていない ➲R9.4

罰なしでそのままプレー。もしも半転がりでもしたならプレーヤーが原因で球が動いたこととなり、1罰打で元の位置にリプレース。ただし、パッティンググリーン上で偶然の場合は罰なしでリプレースします。

Q 球をカラスが持ち去ったかもしれない。どうすればいい?

カラスが球をくわえたところは見ていないが、球の近くにいたカラスが、球をくわえて飛んでいくのが見えた、といったケース。

Q 球の真後ろにある枯葉を取り除いて球が動いたら?

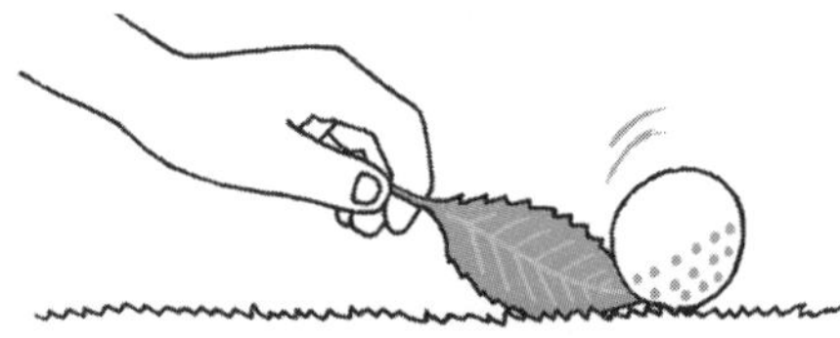

Q プレーヤーが球を動かした原因となったかわからない場合、どう判断?

アドレス後に球が動いたらプレーヤーの責任という旧ルールでは、特に高速グリーンでトラブルが発生しやすかった。新ルールでは、明らかにプレーヤーが動かしたのでなければ、ほぼ自然の力が動かしたとの判定に。

「わかっているか事実上確実」ってどういう意味?

What's that?

確実にカラスが持っていったなら罰なしにリプレース ➔R9.6

自分の球がカラスによって持ち去られたことがわかっているか、事実上確実だという証拠があれば、罰なしに元の位置に別の球をリプレースすることができます。元の位置が不明な場合は推定してリプレース。事実上確実だという証拠がなく、また球を探し始めてから3分以内に自分の球を見つけることができなければ紛失球となります。

ルースインペディメントは球が動かないように取り除く ➔R15.1

1罰打を受け、球をリプレース。ただし、球がパッティンググリーン、ティーイングエリアにある場合は、罰はありません。

A 「事実上確実」でなければプレーヤーが動かしたことにならない ➔R9.2

プレーヤーが球を動かす原因となっていたかどうかを判断する場合は、「わかっているか、事実上確実」という基準を使います。「わかっている」は100%の証拠がある、「事実上確実」は95%以上の強い証拠があるという意味です。

「わかっている」は「池に球が入るのが見えている」「池の中の自分の球が見える」というような100%の完全な証拠がある場合。「事実上確実」は100%の証拠はないが、周りの状況が間違いないと証明しているという意味だ。

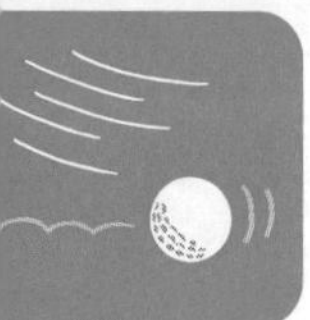

Ball in Motion
動いている球

Q ストロークした球が偶然に自分自身に当たったら?

Q ストロークした球が偶然に他のプレーヤーに当たった場合は?

Q ストロークした球が偶然にカートに当たった場合は?

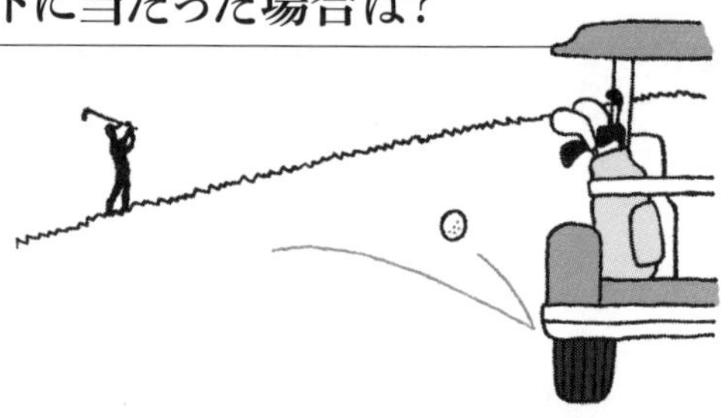

Q ストロークした球が偶然に動物に当たってしまった場合は?

コースには鹿やイノシシなど、数多くの動物が生息している。フェアウェイを横切る鹿に球が当たってしまったら、どうすればいい?

動いている球が人や動物、物などに当たった場合、偶然に起きた場合と、故意に起きた場合とで処置が変わります。また、パッティンググリーン上の球については例外があります。

自分に当たっても、偶然なら罰はない ➲R11.1

罰なし

偶然であれば罰はなく、球は止まったところからプレーします。

他のプレーヤーに当たっても偶然なら罰はない ➲R11.1

偶然であれば罰はなく、球は止まったところからプレーをしなければなりません。

共用のカートに当たっても、罰はない ➲R11.1

プレーヤー共用のカートに球が当たった場合、誰が動かしていたのか、または動いていたのか、止まっていたのかに関係なく、罰はなく、球は止まったところからプレーします。

やはり球が止まったところからプレー ➲R11.1

偶然であれば罰はなく、球は止まったところからプレーをしなければなりません。

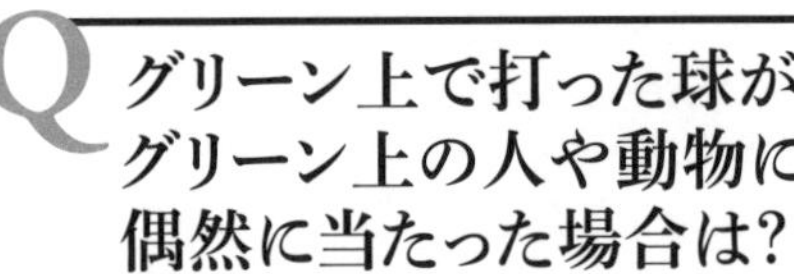

Q グリーン上で打った球がグリーン上の人や動物に偶然に当たった場合は?

Q グリーン上で打った球がグリーン上の他の球に当たったら?

Q 動いている球をプレーヤー自身や他の人が故意に止めた場合は?

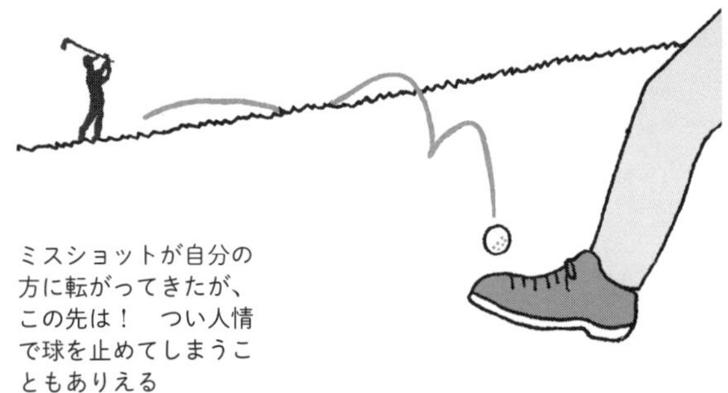

ミスショットが自分の方に転がってきたが、この先は！　つい人情で球を止めてしまうこともありえる

よく耳にする「6インチプレース」とは?

What's that?

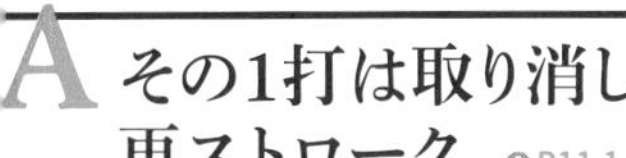

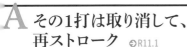

A その1打は取り消して、再ストローク ➔R11.1

グリーン上でも同じく罰はないが、そのストロークを取り消し、再プレーしなければなりません。

A 2罰打で、止まったところからプレー ➔R11.1a

パッティンググリーン上から、パッティンググリーン上に止まっている他の球に当ててしまった場合は、2罰打で球は止まったところからプレーしなければなりません。動かされた他の球は元の位置にリプレースします。また、球が当たりそうなら拾い上げることができます。

A 球を止めたプレーヤーに2罰打が付く ➔R11.2

故意であれば、球を止めたプレーヤーは2罰打を受けます。球は、もしその球が故意に止められたり方向を変えられたりしなければどこに止まっていたかを推定し、その推定した基点からホールに近づかない1クラブレングス以内の救済エリアにドロップします。パッティンググリーンからストロークされた球の場合、そのストロークを取り消して再プレーします。

ボールマーカーを取り除かずにプレーしたら、1罰打。球をリプレースした時点で、その球はインプレーとなるが、ボールマーカーを取り除かなければいけない。

ジェネラルルールでは“あるがまま”でのプレーが謳われる。6インチプレースはローカルルールとして採用されてきたが、それが当然というわけではない。大雨の後など、地面のぬかるみなど悪いライから6インチ（約15センチ）以内なら球を動かしていいとする、いわば特別な措置だ。

THAT'S WHY 2

なぜ「救済」ルールがあるか

“あるがまま”で打てないとき助けてもらう

屋根の上の球も打たなければならなかった時代がある。“あるがまま”にプレーできないなら、マッチプレーではそのホールの負け。ストロークプレーだと大変だ。その日のゴルフは終了である。

18ホール、プレーを続けられるよう「救済」は生まれた。屋根の上に球が行ってしまったからといって、なにもお帰りにならなくてもいいじゃないですか、と。

カート道に球が止まれば、ニヤレストポイント（p.194参照）から1クラブレングスに罰なしでドロップ可。みなさんやっているだろうが、こうして“プレーを再開”する。

その1クラブレングスエリアが全面修理地だったら？ まず修理地にドロップ。さらにニヤレストポイント、つまり“打つことができる最短地点”に移動だ。しかしバンカー内しかドロップエリアが見つからないとすれば？ ジェネラルエリアの球は、ジェネラルエリア内に救済地点を求めるべきなので、結果的に、バンカーをまたいでフェアウェイにドロップとなる可能性もある（イラスト参照）。

都合20ヤード移動!? ズルくないか!? いやいや、これは正しいルール運用だ。

◇GURは修理地。
グラウンド・アンダーリペアの略。

THAT'S WHY 3

ギリギリボールの判定は?

球の"所属先"に合わせて堂々と処置

ジェネラルエリア、ティーイングエリア、ペナルティーエリア、バンカー、グリーン。ルール上、コースはこの5エリアに分けられている（p.26参照）。しかし境界線に引っかかって止まった"ギリギリボール"はどうします？

3つの特殊エリアが優先となっていて、以下のように"所属先"が決まる。絵ではペナルティーエリアよりもジェネラルエリア側に球が寄って見えるが、わずかでも境界線にかかっている以上、ペナルティーエリアにある球として扱うことになっている。

とはいえペナルティーエリアからは罰なしでも打てるので（ソールもOK。p.30参照）、ここでは大した差は出ない。ところがこれがグリーンの球となれば（少しでもグリーン面に触れている）、大違いではなかろうか。マークして拾い上げ、球をふくことまで、ありがたく享受すればいい。

この判定は、OBラインだと逆になる。ラインに少しでも球がかかっているなら、一見OBラインの外側に球があるようでも、セーフ。そこまでが"ギリギリでゴルフ場"なのだ。OBはアウト・オブ・バウンズという名のとおり、ゴルフ場の外と考える。

PENALTY AREA?
GENERAL AREA?

Advice
アドバイス

Q どんな行動や会話がアドバイスになる?

ホールやバンカーの位置は聞いてもいいのに「右を狙うといいよ」はアドバイスになるのか?

Q アドバイスを求めたりアドバイスをできる人は?

Q バンカーやホールの位置を他のプレーヤーに聞くことはできる?

12:00
15:00

Q その日の天気を聞くことはできる?

**ゴルフはプレーヤーが自分自身で考え、
判断してストロークを行うゲーム。
自分のキャディー以外の人と
アドバイスのやり取りをすることはできません。**

ストロークやプレーの方法に影響する情報がアドバイス

定義

アドバイスとは、クラブの選択、ストロークの方法、プレーの方法に影響する情報を意味します。これらの情報を話したり、行動で教えたりすることは違反となります。違反は2罰打です。

キャディーだけ R10.2

通常のストロークプレーであれば、プレーヤーとそのプレーヤーのキャディーだけがアドバイスのやり取りをすることができます。他のプレーヤーにアドバイスを求めたり教えたりした場合は違反となり2罰打です。

コースの情報はアドバイスではないのでOK R10.2

バンカーやホールの位置などの場所に関する事実はアドバイスではないので、聞いたり、教えたりすることができます。

天気、気温、湿度などもアドバイスにあたらない R10.2

そのコースの地域の気象状況、例えば天気、温度、湿度の情報はアドバイスではないので聞くことができます。

バンカーまでの距離も、天気予報も、すでに発表され誰もが知りうる事実。それは聞いても構わないということ。

Q 風向きについて聞くことはできる?

Q 「何番で打った?」と他のプレーヤーに聞くと?

バッグを覗いて使用番手をチェックした場合は扱いが変わる。

Q キャディーに傘をさしてもらいそのままパットしてもいい?

Q グリーン上でキャディーがラインを足で指示できる?

旗竿に付き添ったキャディーが、ラインの近くに立つことは例外的に認められている。しかし旗竿に付き添わないキャディーが、ストローク中に故意にラインの近くに立つのはダメ。

プレーする場所の風向きを聞くことはできない ➲R10.2

天気予報などでその地域にすでに発表されている情報であればアドバイスではありません。しかし、球が止まっている場所からプレーする際に影響する、その時点での風向きについての情報はアドバイスとなります。

自分のプレーの参考にするために番手を聞いたら2罰打 ➲R10.2a

先に打ったプレーヤーに「何番で打ったか」を教えてもらえば、両方のプレーヤーに2罰打。何番で打ったか、バッグを覗き込んだだけでは罰打はつきませんが、何番で打ったか知るために他のプレーヤーのクラブやバッグに触れば2罰打となるので注意が必要。

日差しや、雨、風などから保護は受けられない ➲R10.2

自分のキャディーであっても、傘をさしてもらいながらパットすることはできません。雨や風、日差しなどの自然現象から保護されたままストロークすると2罰打。自分で傘をさしたままストロークしても罰はない。

物を置かなければラインに触っても罰はない ➲10.2b(2)

自分のキャディーが手や足、持っている物でプレーの線（パットのライン）を示しても罰はない。ただし、プレーの線を示すために物を置けば（それがグリーン外でも）、2罰打となります。

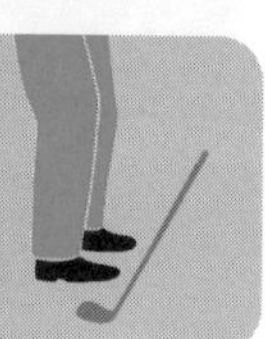

Help in Taking Stance スタンスをとることへの援助

Q スタンスの意味は?

構えのことをアドレスと言ったものだが、
現在規則書にそのフレーズはない。

Q スタンスをとるときに、クラブなどを地面に置きそれを目安にできるか?

Q たまに見かけるこのスタンスの決め方はルールに違反ではない?

ストロークのためのスタンスは
プレーヤーが自分自身で決定して、
自分の力でその位置に立たなければなりません。
したがって、物や人の援助を受けることはできません。

ストロークをするために準備する、足と体の位置

定義

ストロークを行うためや、その準備のための足と体の位置がスタンスです。

クラブを目印にしたらスタンスをとった時点で2罰打 R10.2

スタンスをとる援助として物を置いてスタンスをとった場合は違反となり、2罰打。違反は物を置いてからスタンスをとった時点で発生します。

クラブを手で持ちスタンスのガイドにしても大丈夫 R10.2b

スタンスをとるときの援助となる物（棒やクラブ）を置くことは違反（2罰打）です。しかし、プレーヤーが球の後ろに立って、手に持っているクラブをプレーの線に直角に合わせ、その後で自分のスタンスをとるために球の後ろから回り込む場合などは、援助を受けているわけではないので違反とはなりません。

Q 一度スタンスをとったが キャディーが後方にいたので すぐにスタンスをといたが?

Q スタンスをとったとき キャディーが偶然後ろに 立っていたら?

「プレーの精神のもと」
の真意は?

What's that?

プレーする前にスタンスをとけば罰は付かない

➔R10.2b(4)詳説

罰なし

コース上のどの場所であっても、プレーヤーがストロークする前にスタンスをといた場合、そのプレーヤーは「ストロークのためのスタンス」を始めていたとはみなされないので、罰はありません。

「故意」に立っていなければ違反にはならない

➔R10.2b(4)詳説

罰なし

プレーの線の球の後方延長線上やその近くにキャディーを故意に立たせると2罰打。ただし、プレーヤーがこれから行うストロークのためにスタンスをとり始めていること、あるいはプレーの線の後方線上やその近くに立っていることにキャディーが気づいていない場合は、違反ではありません。

このルール（R10.2）は「プレーヤーは意図する目標を自分自身で決定し、自分自身の力で立たなくてはならない」ということを、より明確に示したもの。ゴルフは個人の技量で競うゲーム。だからこそ、ラウンド中にプレーヤーが受けることができるアドバイスや、他の援助を制限しているのだ。

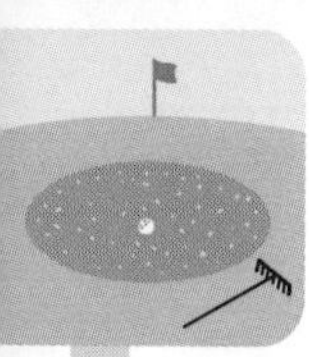

Rules of Bunker
バンカーの規則

Q 球がバンカー内にあるのはどんな場合？

Q バンカー内に球があるときに砂に触れてもいい？

Q 素振りで砂に触れたら？

Q 足を砂に潜らせて構えられるか？

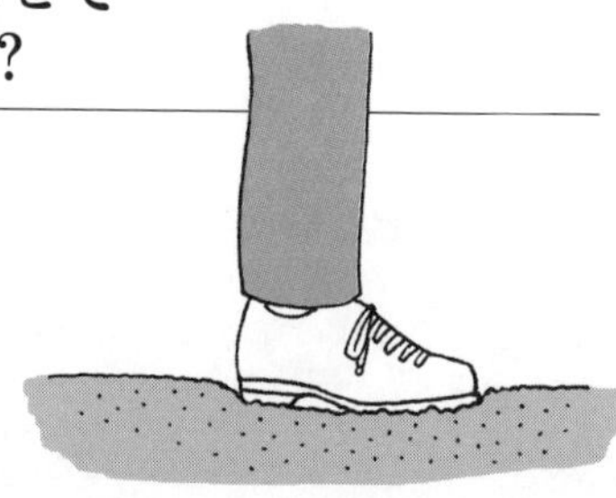

**バンカーとは地面から芝や土を取り除いて
砂などを入れたエリアで、バンカー内の球を
プレーする場合にはいくつかの特別な規則があります。**

少しでも砂に触れていれば バンカー内の球 ➡R.12.1

球の一部がバンカーの砂に触れている場合、その球はバンカー内の球となります。

バンカーは上空には及ばないが、バンカー内に置かれたレーキの上に球があったなら、バンカー内の球として扱う。バンカー内の中州のような芝地に球があれば、バンカー外の球としてプレーできる。

砂の状態をテストするために 触れればペナルティー ➡R12.2

砂の状態に関する情報を得ることを目的に砂に触れることは禁止されています。違反は2罰打です。

砂の状態のテストとなり違反 ➡R12.2

素振りなどの練習スイングをするときに砂に触れることはできません。違反は2罰打となります。

ライの改善にならないよう 注意してスタンスをとる ➡R8.1b

スタンスをとるとき両足をしっかりと据えることは認められているが、あくまでフェアにスタンスをとることが求められます。必要以上に足を砂に潜らせれば、足場の改善や砂のテストとみなされて2罰打となる恐れがあるので、注意が必要です。

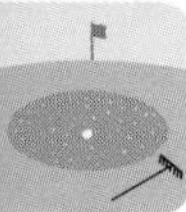

Q 球の後ろにクラブヘッドを置いて構えられる？

ペナルティーエリアではクラブをソールできることとなり混同しそうなので注意。ソールできないバンカーは特別な場所だ。

Q バックスイングでクラブが砂に触れたら？

BACK SWING

Q バンカー内のルースインペディメントを取り除ける？

フェアウェイなどと同様にルール変更。小石が飛ぶ危険などが減った。

Q バンカーに入るとき転びそうになりクラブが砂に触れたら？

球の直前、直後をクラブで触れることはできない ➡R12.2

その目的に関係なく、球の直前、直後にクラブで触れることは禁止されている。違反は2罰打。

バックスイングでも砂に触れればペナルティー ➡R12.2

バックスイングの際にクラブヘッドが砂に触れてしまった場合は違反となり、2罰打。

バンカー内でも取り除いていい ➡R12.2

落ち葉、枝、石などのルースインペディメントを取り除くことは認められています。

砂のテストやライの改善が目的でなければ罰はない ➡R12.2

砂の状態をテストする目的ではなく、またプレーに影響する状態を改善していなければ罰はなし。

Q 使わないクラブをバンカー内に置いてもいい？

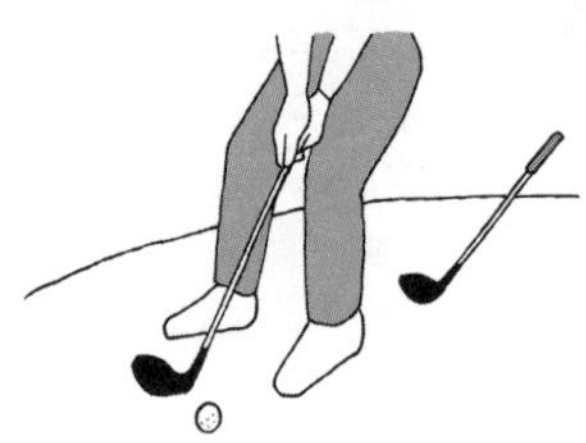

Q レーキをバンカー内に持ち込める？

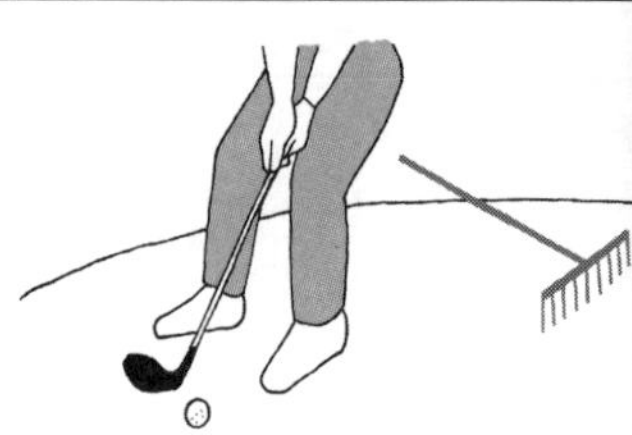

Q レーキをどけて球が動いたら？

Q バンカーからプレーした球がOB！打ち直す前に砂をならせる？

プレーに影響しなければ違反ではない ➔R12.2

使用しないクラブをプレーに影響しない場所に置くことは認められます。

砂の上に置いていい ➔R12.2b

罰なし

バンカーの中に、バンカーレーキなどの用具を置いても罰はありません。ただし、レーキを置くことで、砂の状態をテストしたなら2罰打です。

球をリプレースして打つ ➔R15.2a

バンカーレーキは動かせる障害物として、コース上のどこでも取り除くことができます。そのときに球が動いた場合、罰はなく、動いた球は元の場所にリプレースしてプレーを続けます。

打ち直しの前に砂をならすことができる ➔R12.2

バンカー内での禁止事項は、球がプレーされてバンカーの外にある場合には適用されません。

きれいに砂をならしたうえで、直前に打った位置から1クラブレングス以内（ホールに近づかない）にドロップして1罰打を付加して次打に臨むべし。

Q バンカー脱出後 砂を打って スイングチェックしていい？

Q バンカーから脱出に失敗し つい砂をならしてしまったら ペナルティー？

Q こんな難しい バンカーショットは したくないと思ったら？

日本では馴じみが薄いが、壁がほぼ垂直といったバンカーも英国リンクスではポピュラー。アンプレヤブルは“打てないから仕方なく”使う場合が多いが、自由意志で選択することができる。

ホールと球を結ぶ後方線上に基点を設け、そこから1クラブレングス以内にドロップ

DROP

A 球がバンカーから出たので大丈夫 ➲R12.2b(3)

球をバンカーから出した後は、バンカーの砂に触れたり、砂をならすことへの制限がなくなる。砂を打ってスイングチェックしても罰はありません。

A 砂をならしても罰はないが"改善"すれば2罰打 ➲R12.2b

砂をならしても罰はないが、ストロークに影響を与える状況を改善したり、スタンスの場所を改善した場合は2罰打。

A 2罰打のアンプレヤブル宣言でバンカーの外にも出せる ➲R19.3

2罰打を加算すれば、バンカー外後方でもアンプレヤブルによる救済が受けられます。バンカー内でアンプレヤブルを受けた場合の救済は1罰打。➲p.196を参照

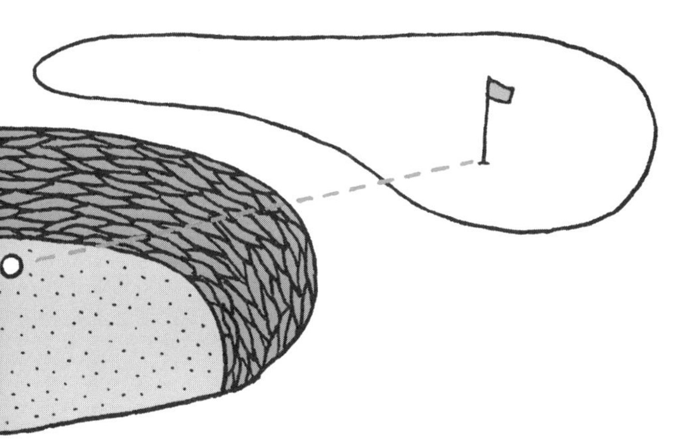

Putting Green

パッティンググリーン

Q グリーン上の球を拾い上げる際球の横にマークしてもいい?

Q パッティンググリーン上の球とは?

Q グリーン上の砂やバラバラの土は取り除いていいか?

Q スパイクマークや傷跡は修理していい?

修理の手段はクラブで押さえてもいいし、手や足でもいい。

**パッティンググリーンは
球をパットしてホールに入れる場所で、
他のエリアと違う特別な規則がたくさんあります。**

球のすぐ近くなら横や前にもマークできる ➲R14.1

パッティンググリーン上の球を拾い上げるときは、球のすぐ近くにマークしているかぎり、球の前や横にボールマーカーを置いても構わない。

少しでもパッティンググリーンに触れている球 ➲R13.1

球の一部がパッティンググリーンに触れているなら、パッティンググリーン上の球。ジェネラルエリアにも触れているとしても「その場合、特定エリアの球とする」決まりもある。

パッティンググリーンの特例として取り除ける ➲R13.1

パッティンググリーン上のものに限って取り除くことができます。砂とバラバラの土はルースインペディメントではないので、パッティンググリーン以外の場所でストロークに影響する場所にあるものは取り除けません。

人間や動物がつけた傷は修理することができる ➲R13.1

例えば、ボールマーク、スパイクマーク、人が引っかいた傷、動物の足跡など、パッティンググリーン上の人や動物などによる損傷は、その種類に関係なく修理することができます。

Q グリーン上の凹凸は修理することができる?

Q グリーン上の球を動かしてしまった! 罰がある?

Q マークして拾い上げる前に球が自然に動いた場合は?

Q マークして拾い上げた後にリプレースした球が風で動いたら?

A 窪みや凹凸は修理不可 ➲R13.1

損傷しているのではなく、元々自然にある凹凸を修理することはできません。ストロークに影響する場所を改善したことになれば2罰打。

偶然なら動かしても罰はない ➲R13.1

パッティンググリーン上の球を偶然に動かしてしまった場合は罰なしにその球を元の場所に、リプレースしなければなりません。わざと動かした場合は1罰打を加え、リプレースします。

A 止まったところから罰なしにプレー ➲R9.3

拾い上げる前の球が自然に動いた場合、その球が止まった新しい位置から罰なしにプレーします。

原因に関係なく罰なしにリプレース ➲R13.1

パッティンググリーン上にリプレースした球が動いた場合、その原因に関係なく元の位置にその球をリプレースします。

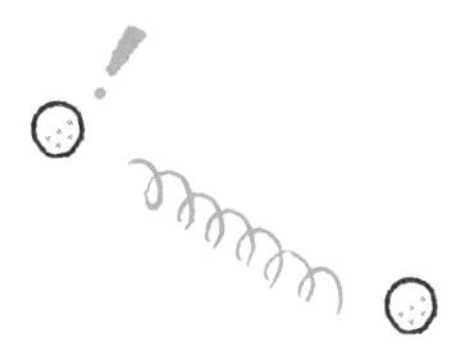

Q グリーン面のテストとして罰がつくのはどんなこと?

プレーし終えたばかりのグリーンなら、テストも例外的に認められているが（ホールとホールの間）。

Q グリーン面に手をついたらテストとみなされる?

Q マークするときティーを刺したらテストになる?

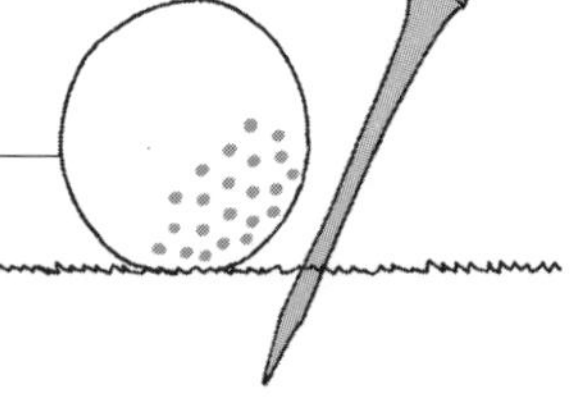

パッティンググリーン Putting Green

A 故意に球を転がしたりグリーン面をこするとペナルティー ➔R13.1

パッティンググリーン面をテストするために故意に球を転がすこと、または表面をこすることが規則違反。違反は2罰打です。

A 手をついただけなら大丈夫 ➔R13.1

パッティンググリーン面に手をついたり、置いたただけでは「こすっている」ことにはならないので、テストしたとはみなされない。

A ティーを刺してマークしてもいい ➔R13.1

パッティンググリーン上の球をマークするためにティーを刺しても、グリーン面のテストをしたことにはならない。マークする際に使える用具としてティーは認められている。

修理 NG

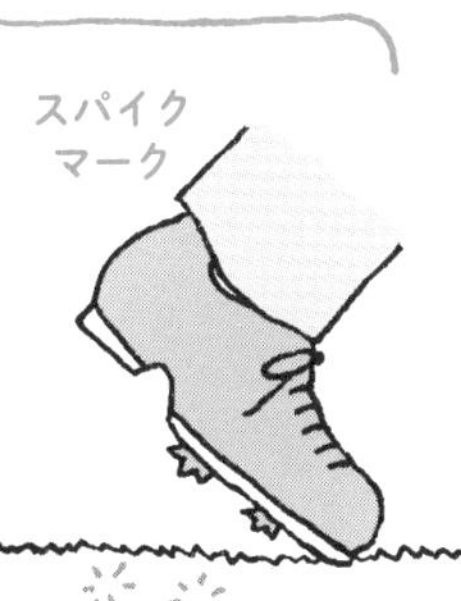

エアレーション
の穴

伸びた芝

Q ホールにせり出した球を入るかどうか、待つことはできる?

Q ホールにせり出した球がしばらくしてからホールに入ったら?

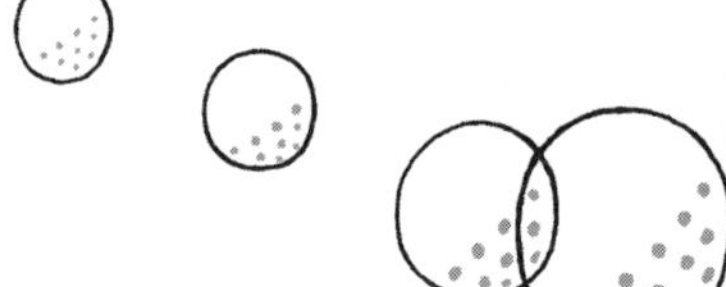

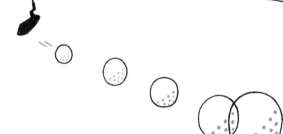

ホールインまで10秒以内
➜前打で入った
ホールインまで10秒超
➜1罰打加える

Q 移動したマーカーを元に戻さず、球を置いてストロークしたら?

A 止まったかどうか確認するため10秒間待つことができる

➲R13.3

球がホールにせり出した状態の場合、その球が止まっているかどうかを確認するために、ホールに歩みよる時間に加え10秒間待つことができる。その時間を過ぎてもホールに入らないときは、その球は止まったことになります。

A 10秒以内なら罰なしにホールアウト。10秒以降は1罰打でホールアウト

➲R13.3

ホールにせり出した球が止まっているかどうかを確認するために10秒間待っている内に、球がホールに入れば直前のストロークの結果、ホールに入ったことになります。10秒を過ぎてから球がホールに入った場合は、ホールアウトは認められるが、1罰打。

A 2罰打で、そのままプレーを続ける

➲R14.7

2
罰打

他のプレーヤーの邪魔になるボールマーカーを、パターヘッド1つほど動かすのはよくあること。このとき、マーカーを元に戻さなければ結果として誤所からのプレーとなり2罰打で、プレーはそのまま続行。ホールアウトしていない状態で打ち直すと、さらに2罰打となります。

The Flagstick
旗竿の規則

Q グリーン外からのプレーで旗竿を抜いてプレー可能?

外から打つときは旗竿を立てなければいけないと思い込んでいる人は多い。

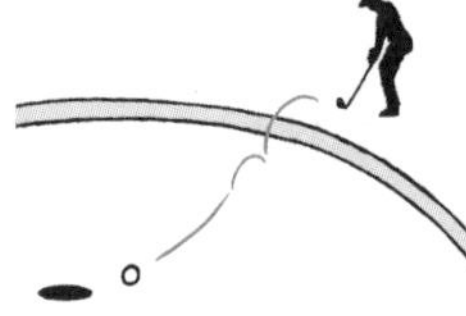

Q ホールに立てたままの旗竿に、球が当たったら?

Q 旗竿に球が寄りかかって止まったら?

サッカーのゴールインは“球が全部ゴール内”だが。

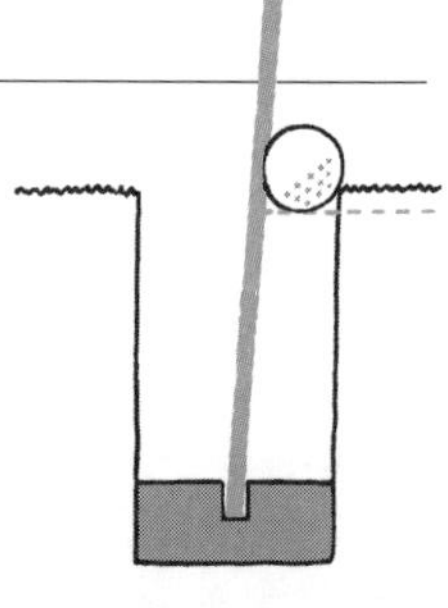

**旗竿はホールに立てたままプレーすることができます。
また、取り除いてプレーしたり、
人を付き添わせることもできます。**

どこからのプレーでも旗竿は抜くことができる ➲R13.2

球がどこにあるかにかかわらず、旗竿についてのプレーヤーの選択肢は3つです。
○旗竿をホールに立てたままにする。
○旗竿をホールから取り除く。
○旗竿に人を付き添わせる。

球が止まった位置からプレー。カップに入ればホールイン ➲R13.2

球がホールに立てたままの旗竿に当たっても罰はなく、球が止まった所からプレーします。球がホールに入っていれば、ホールインが認められます。

グリーン上でも旗竿を立ててプレーすることで、スピードアップが期待されている。

球の一部でも、グリーン面より下ならホールイン ➲R13.2

球が旗竿に寄りかかっている状態で球の一部がパッティンググリーン面より下にある場合、その球はホールインしたことになります。そうでない場合は球をホールのへりにリプレースしなければなりません。

Q 球が動いている間に旗竿をホールから抜いたら?

Q 球がホールに入りそうなのに付き添った人が旗竿を抜かなかったら?

Q グリーンに置いた旗竿に球が当たりそう。取り除くことはできる?

Q 旗竿を持ったまま「お先に!」認められる?

球の動きに影響するなら抜くことはできない ➔R13.2

旗竿をホールに立てたままプレーした場合、球の動きに影響する旗竿を取り除くことはできません。取り除いてしまったら、取り除いたプレーヤーに2罰打が付きます。

旗竿を当てたのが故意なら2罰打 ➔R13.2

人が旗竿に付き添っている場合は、球が旗竿に当たりそうなときに、故意にその旗竿を抜かず、その結果、球が旗竿に当たった場合、旗竿に付き添っているプレーヤーは2罰打。パッティンググリーン上からプレーした球は再プレーしなくてはいけません。

罰なしに動かせる ➔R11.3

罰なし

プレーする前に抜いてパッティンググリーン上に置いた旗竿に球が当たりそうになった場合は、罰なしに取り除くことができます。偶然、球が当たっても罰なし。

罰なしでホールアウト ➔R4.3 13.2

罰なし

旗竿を抜いて左手に持ち、右手にパター。このストロークは一見規則違反のようだが、実は罰なし。ただし持った旗竿に寄りかかり、体を安定させてしまうと2罰打です。

Lifting and Returning 球の拾い上げと、リプレース

Q プレーヤー以外が球を拾い上げてもいい?

Q 球を拾い上げる場合、必ず球をマークすべき?

自分の球か確認のため拾い上げる際は必要以上に泥などふいてはいけない。

Q ボールマーカーの形や大きさに決まりはある?

クラブでもマークできると規則書に明記。

「インプレーの球」とは?

What's that?

球の拾い上げが認められる場合、
またはリプレースする場合についてのルールです。
リプレースとは球を
インプレーにする意図を持って置き直すことです。

プレーヤーが認めた人なら拾い上げられる

➲R14.1

プレーヤーか、プレーヤーの認めた人が拾い上げることができます。パッティンググリーン上の球に限ってはプレーヤーのキャディーはプレーヤーの許可なしに球をマークして拾い上げることができます。

自分の球か確認する場合やグリーン上ではマークが必要

➲R14.1

球の位置をマークしないと1罰打が付くのは、元の位置にリプレースをしなければならない規則に基づいて拾い上げる場合だけ。例えば、止まっている球を自分の球かどうか確認のために拾い上げる場合、パッティンググリーン上の球を拾い上げる場合など。救済を受けてドロップするときは、元の位置をマークしなくても罰はありません。

プレーの妨げにならなければOK

定義

形や大きさの規定はありませんが、人工の物を使用します。ボールマーカーは球の位置を正確に示すことができる形状、大きさの物で、他のプレーヤーのプレーを妨げず、パッティンググリーン面を傷つけないものを使いましょう。

プレーヤーがティーイングエリアからその球をストロークしたとき「インプレー」となる。ティーイングエリアでの素振りで球を動かしても罰がないのは、その球がまだ「インプレーの球」となっていないからだ。

Q 拾い上げた球をリプレースできる人は?

グリーンの小さな凹みに止まっていた球は、当然そこにリプレース。

Q 間違った人がリプレースした場合は?

プレーヤーが拾い上げた球をキャディーがリプレースするのは間違いなので、再びプレーヤーがリプレースし直す……というのが「訂正」の意味。

Q リプレースする場所が確定できないときは?

場所を「推定」するのはどんなとき?

What's that?

プレーヤーが拾った球はプレーヤーがリプレース ➡R14.2

プレーヤーか、その球を拾い上げた人がリプレースします。例えば、プレーヤーが拾い上げた球はそのプレーヤーだけがリプレースできます。規則に基づいてキャディーが拾い上げた球は、そのキャディーか、その球の持ち主であるプレーヤーだけがリプレースすることができます。

ストローク前に訂正しないと1罰打 ➡R14.2

間違った人がリプレースした場合、ストロークする前であれば罰なしに訂正することができます。訂正せずにプレーした場合は1罰打です。

元の場所を推定してリプレース ➡R14.2

例えば、カラスに球を持って行かれたことがわかっているのに、球が止まっていた元の箇所がわからない場合、元の箇所を推定してリプレースします。

プレーヤーは、完全な救済のニヤレストポイントや、球が最後にペナルティーエリアを横切った地点などを「推定」します。上の質問のように、リプレースする元の箇所がわからない場合も「推定」することになります。

Dropping in Relief Area ドロップと救済エリア

Q ドロップの方法は?

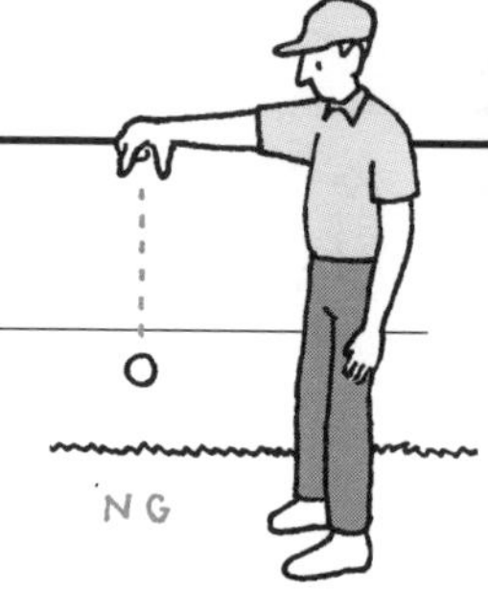

Q 間違った方法でドロップした場合は?

2018年までの肩の高さからのドロップをしてやり直す事例がトーナメントでも起こった。

Q 救済処置でドロップするその場所は?

Q ドロップした球が救済エリアの中に落ちなかった場合は?

ドロップがなぜ膝の高さに?

What's that?

ドロップする球は救済処置に設定されている
救済エリアに落とし、
そのエリアの中に止めます。

A 膝の高さから真っすぐ落とす ➲R14.3

球を手に持って、膝の高さから球が真っすぐ落ちるように、落とします。

A ストロークする前に訂正 ➲R14.3

罰なし

間違った方法でドロップしても、ストローク前であれば罰なしに訂正することができます。訂正せずに球をプレーした場合、球が止まっていた場所が規則で許される場所であれば1罰打。球の止まっていた所が規則で許されていない場所であった場合は誤所からプレーしたことになり2罰打を受けます。

A 救済エリアにドロップ ➲R14.3

救済処置にはすべて「救済エリア」があります（☞p.194参照）。ドロップした球はその救済エリアに落ちなければならず、またその救済エリアの中に止まらなければいけません。

A 罰なしにドロップをやり直す ➲R14.3

ドロップした球は救済エリアに落とす。救済エリアに落ちない場合は、何度でもドロップをやり直します。

> ドロップは「頭越しに後方へ」から始まり「肩越しに後方へ」となった。そして1984年からは「手を伸ばして肩の高さ」に変わり、2019年「膝の高さ」に変更された。正確に救済エリアの中に落とし、速やかにプレーすることが求められている。

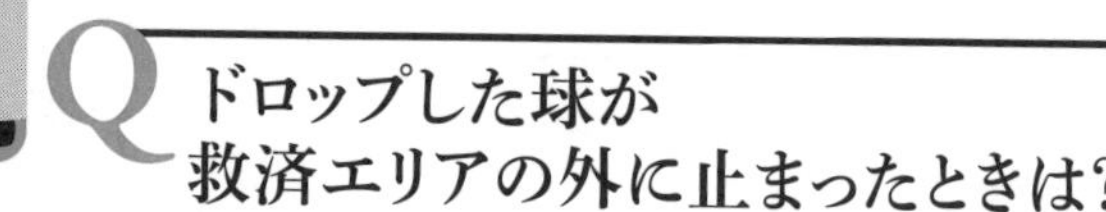

Q ドロップした球が救済エリアの外に止まったときは?

Q 再ドロップでも球が救済エリアの外に出てしまった場合は?

Q ドロップした球が地面に落ちる前に自分の体に当たったら?

Q ドロップした球が救済エリア内に落ちた後に自分の体に当たったら?

ドロップについては、膝の高さから落とした球が救済エリアに落下すること、その球が救済エリアにとどまること、この2点を重視している。

罰なしに再ドロップ ➡R14.3

ドロップした球が救済エリアの中に落ちたが、その後、救済エリアの外に出て止まった場合は、罰なしに、再ドロップします。

球が落ちた場所にプレース ➡R14.3

再ドロップした球がコース上に落ちた箇所にプレースをします。プレースしても球が止まらない場合、再度プレースし、それでも止まらない場合は、ホールに近づかない球が止まる最も近い箇所にプレースします。

自分自身や用具に当たったら再ドロップ ➡R14.3

ドロップした球が地面に落ちる前に偶然に自分自身や用具に当たっても罰はなく、ドロップをやり直さなければなりません。

落ちた後、球が体や用具に当たってもそのままプレー ➡R14.3

ドロップした球が救済エリア内に落ちた後に偶然に自分自身や用具に当たった場合、その球がその救済エリア内に止まっていれば、罰なしにその球をプレー。救済エリアの外に止まった場合は、罰なしに再ドロップします。

Q ドロップした球を故意に止めたら?

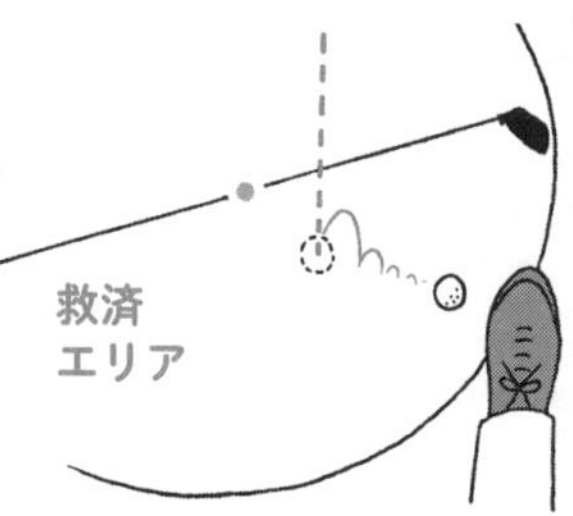

Q 救済エリアはどうやって決める?

Q 救済エリアの範囲を決めるクラブはどれ?

Q 救済エリアを決めるときクラブを地面に置くべき?

Q ラフにある球をグリーンにドロップできる?

救済エリアを決めた後の話だが、その中で好きな場所にドロップすればいいし、それまで使っていた球と別の球に替えてもいいことを伝えておこう。

エリアから出る球なら止めても罰なし ➲R14.3

ドロップした球が救済エリアの中で止まる可能性がないときは、球を故意に止めても罰はありませんが、それ以外のときに故意に止めた場合は2罰打となります。

A 1クラブまたは2クラブの範囲

定義

救済処置によって異なりますが、1クラブレングス、2クラブレングスの範囲内で規則が定める範囲となります。各救済処置の救済エリアについてはp.194参照。

A パター以外で最も長いクラブ

定義

救済エリアを決めるためのクラブレングス（クラブの長さ）は、そのプレーヤーが持ち運んでいるクラブの中でパター以外の最も長いクラブとなります。通常のプレーヤーにとってはドライバーです。

A 自分で推定して決めればいい

救済エリアの範囲を決めるときに、クラブを実際に地面に置かないと罰が課せられるわけではありません。クラブを置かずに推定して救済エリアを決めることもできます。

A ペナルティーエリアからの救済やアンプレヤブルなら可能 ➲R14.3

1罰打

罰なしの救済では同じコースエリアにドロップしなければならないが（違反は2罰打）、ペナルティーエリアからの救済やアンプレヤブルの場合は、別のコースエリアにもドロップできます。

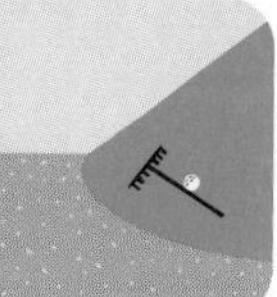

Movable Obstructions 動かせる障害物

Q 球がタオルの上に止まったときは?

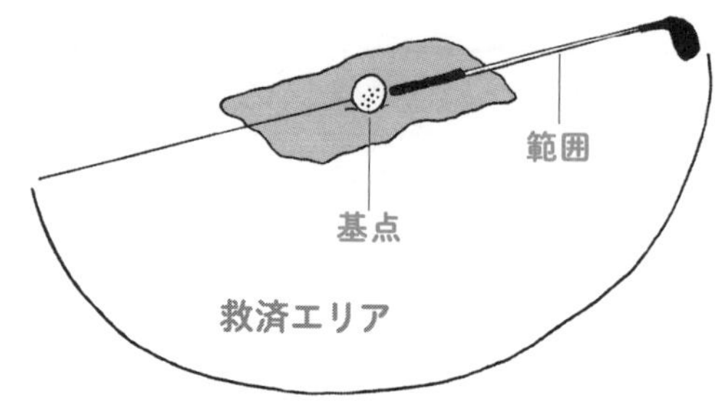

Q 球がバンカーレーキに寄りかかって止まったら?

Q コース管理の軽トラックの下に球が止まった場合は?

簡単に壊すことなく動かせる人工物が、動かせる障害物。
例えば、タオル、空き缶、バンカーレーキなどです。
コース上のどこでも取り除くことができ、
球が上にのった場合、罰なしに救済を受けられます。

球を拾い上げて救済エリアにドロップ ➔R15.2

球が動かせる障害物の上に止まった場合は、罰なしに、球を拾い上げてその障害物（タオル）を取り除き、救済エリアに球をドロップします。パッティンググリーン上の場合は同様にプレース。

救済エリアの範囲は、基点と同じコースエリア（基点がジェネラルエリアなら、救済エリアもジェネラルエリアの中）で、基点よりホールに近づかない1クラブレングスの範囲。

レーキをどける。球が動いても罰はない ➔R15.2

バンカーレーキを取り除いていい。動かせる障害物を取り除いた結果、球が動いても罰はなく、その球は元の位置にリプレースします。

運転者がいれば動かせる障害物として扱う ➔R15.2

定義

運転者が乗っていればそのトラックは「合理的な努力で動かせる」ので、動かせる障害物。トラックを動かしてもらい、道路上に球があるなら、救済を罰なしに受けることができます。トラックの上に球が止まったときも同じ。トラックが放置されているときは、動かせない障害物となります（p.198参照）。

Loose Impediments ルースインペディメント

Q ルースインペディメントはどんなもの?

砂やバラバラの土はルースインペディメントではない。グリーンでは特例として取り除いていいとなっているが。

Q ルースインペディメントはいつでも取り除くことができる?

Q 球の確認のため木の葉にのった球を拾い上げた。リプレースの際木の葉を取り除ける?

Q ルースインペディメントを取り除く際に球が動いたら?

ルースインペディメントを取り除いたら球が動きそうなときは、そのまま打ったほうがいいのだろうか。

ルースインペディメントは
コース上のどこであっても
罰なしに取り除くことができます。

落ち葉や石、動物の死骸、昆虫などの自然物 ➲R15.1

定義

落ち葉、落ちている枝、石などすでに分離している自然物のこと。また動物の死骸やミミズ、昆虫も含まれます。まだ根付いている草木や、地面に固くくい込んでいるものはルースインペディメントではありません。

球の動きに影響しなければOK ➲R15.1

原則として、球がどこにあったとしてもルースインペディメントは罰なしに取り除くことができます。ただし、球が動いているときに、その球の動きに影響するルースインペディメントは取り除くことができません。

取り除いてプレーしたら1罰打 ➲R15.1

その木の葉を取り除いてリプレースすることはできません。リプレースする場合、動かしたら、おそらくその球を動かす原因となると思われるルースインペディメントは、取り除いてはならないと決められています。

グリーン以外は1罰打でリプレース ➲R15.1b

1罰打を加え、その球をリプレースします。ただし、パッティンググリーン上に止まっている球を動かしてしまった場合、罰はありません。

Another Player's Ball 他のプレーヤーの球

Q 他のプレーヤーの球が自分のプレーの邪魔になるときは?

Q 自分の球が他のプレーヤーのプレーの邪魔になるときは?

Q 他のプレーヤーの球が邪魔になるとき球の拾い上げを要求せず打順を変えてプレーできる?

右後方の球を先に打つとクラブが当たりかねないので、左前方の球を先に打ってもらう話だが（右イラスト）、もちろん左前方の球をマークしてもらうことも可能。

**他のプレーヤーの球が近くに止まっていて
プレーするときに邪魔になる場合、
罰なしにその球を
拾い上げてもらうことができます。**

球を拾い上げて もらうことができる ➔R15.3

自分のプレーの障害になる他のプレーヤーの球は、拾い上げることを要求できます。球の拾い上げを要求されたプレーヤーはその球をマークして拾い上げなければなりません。拾い上げた球はふくことができません。

要求されなければ 拾い上げることはできない ➔R15.3

パッティンググリーン上の球を除き、他のプレーヤーに拾い上げを要求された場合にのみ、球を拾い上げることができます。自分で他のプレーヤーの障害になると思っても、要求もないのに拾い上げることはできません。

打順を変えてプレーしていい ➔R15.3

ストロークプレーの場合に限り、球の拾い上げを要求せずに打順を変えてプレーすることができます。

Abnormal Conditions 異常なコース状態

Q 救済を受けられる異常なコース状態とはどんなもの?

Q スタンスが道路にかかったら救済を受けられる?

Q 道路にスタンスがかかったとき救済を受ける方法は?

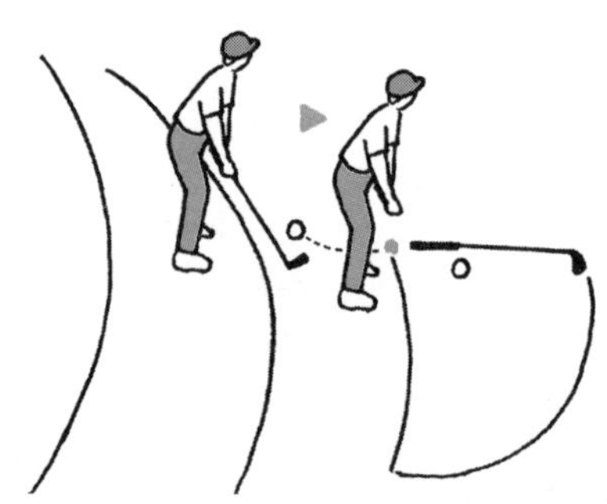

修理地、一時的な水（水たまり）、動物の穴、動かせない障害物などの異常なコース状態がプレーの障害となる場合、罰なし（一部では罰あり）の救済を受けることができます。

修理地や動物の掘った穴などに止まった球は救済が受けられる ➔R16.1

修理地、一時的にたまった水（水たまり）、動物の穴などです。動かせない障害物もこれに含まれます。

球が道路上になくても救済が受けられる ➔R16.1

球が異常なコース状態に止まっている、触れている場合だけでなく、そのままプレーしようとしたとき、次のような場合も障害があることになります。

○スタンスが道路にかかる。

○道路が意図するスイング区域の障害となる。

救済エリアの中に罰なしでドロップ ➔R16.1

完全な救済のニヤレストポイント（次のQ&Aを参照）を基点にして1クラブレングス以内でホールに近づかず、その障害が避けられる範囲がそのプレーヤーの「救済エリア」となります。プレーヤーはこの救済エリアに球をドロップし、球はその救済エリアの中に止まらなければなりません（p.194参照）。

カート道路の真ん中に球が止まったら、どちら側にドロップすればいいか、も悩みどころ。ニヤレストポイントへの球の移動距離が短い側が正解で、右打ちの人の場合、スタンスをとる関係上、カート道路の左側にドロップとなることが多い。

Q 「完全な救済のニヤレストポイント」とはどんな意味?

Q バンカー内の水たまりに球が入ってしまったら?

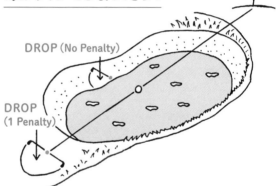

Q スタンスが目的外グリーンにかかる場合は救済を受けなくてもいい?

枯葉が山になっていても
修理地とは限らない

What's that?

スタンスやスイングから障害がなくなる地点のこと ➡R16.1

止まっている球をストロークしようとした場合の“ストロークの格好”（スタンスやスイング区域）に対して障害がなくなり、ホールに近づかない、球が止まっていたところから最も近い地点を決めます。これが「完全な救済のニヤレストポイント」です。

バンカー内なら罰なし外に出すなら1罰打で救済を受けられる ➡R16.1

バンカー内の球については2つの選択肢があります。
○罰なしの救済……完全な救済のニヤレストポイントを決定し、1クラブレングス以内でホールに近づかず、障害が避けられるそのバンカー内にドロップ。
○1罰打の救済……球とホールを結ぶ線上でそのバンカーの外の延長線上に基点を決めます（後方に下がるのであれば距離に制限はなし）。その基点から1クラブレングスでホールに近づかない救済エリアに球をドロップ。

必ず救済を受けること ➡R16.1

スタンスがかかっている場合も障害が生じることになります。目的外グリーンがプレーの障害となっている場合も、罰なしに救済を受けなければなりません。そのまま打つと2罰打。

杭や色つきの線で定められていれば、修理地だとわかるが、ただ枯葉が山になっていただけでは修理地とは限らない。木の葉や刈った芝などが修理地となるのは「後で移すために積まれた」場合だけだ。

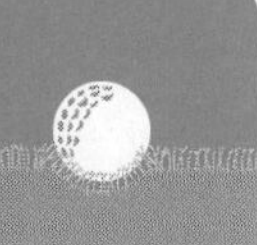

Embedded Ball
地面にくい込んだ球

Q 「球が地面にくい込んでいる」とはどんな場合?

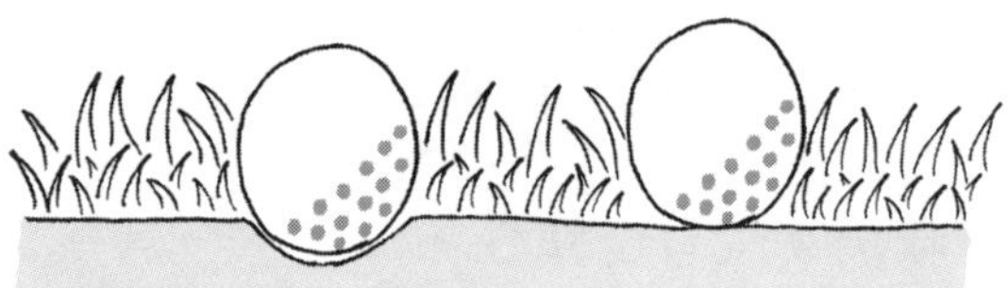

Q 地面にくい込んだ球はペナルティーエリア内でも救済を受けられる?

Q 地面にくい込んだ球の救済方法は?

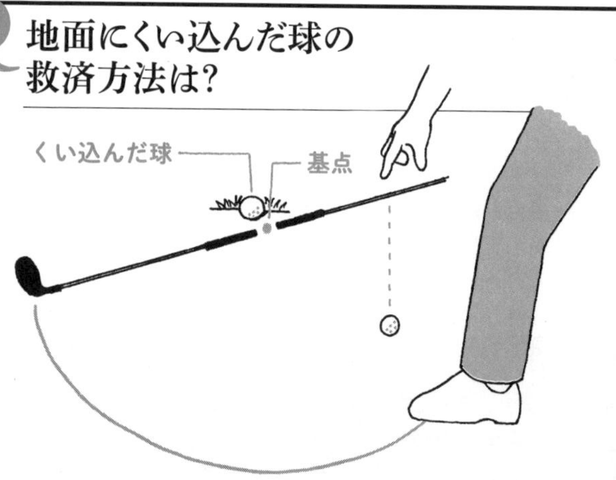

**球が地面にくい込んだ場合は
罰なしに救済を受けることができます。**

少しでも地面の下にあれば くい込んだ球 ➡R16.3

球の一部が地表面より下にある場合“くい込んだ球”。球が土に触れているかどうかは関係ありません。

イラストの右の球は地面にくい込んでいない。

救済を受けられるのは 球がジェネラルエリアに あるときだけ ➡R16.3

球がペナルティーエリア内にあるときは「地面にくい込んだ球」として救済を受けることはできません。

救済エリア内に 罰なしでドロップ ➡R16.3

球の直後に基点を決め、基点から1クラブレングス以内の範囲で、ホールに近づかない、ジェネラルエリア内にドロップ。救済を受けても罰はありません。

「くい込んだ球の直後を基点」とするので、ドロップした球が穴に入ったら、救済エリア外に球が止まったこととなる。

Penalty Areas

ペナルティーエリア

Q 球がペナルティーエリアにある、とはどんな場合？

Q ペナルティーエリアに球が入ったが見つからないときは？

旧ルールのウォーターハザードにおいては、池に入ったのかどうかの確実性が求められたので、紛失球とすることが多かった。

Q ペナルティーエリアの中の球をそのままプレーできる？

Q アンプレヤブルや地面にくい込んだ球の救済はペナルティーエリアで受けられる？

ペナルティーエリアはその中に球がある場合、
1罰打での救済を認めるために委員会が設定したエリア。
イエローペナルティーエリアと
レッドペナルティーエリアがあります。

球の一部でも入っていれば ペナルティーエリア内の球 ➲R17.1

球の一部がペナルティーエリアの中にあればその球はペナルティーエリアの中の球となります。

入ったのが確実なら 推定して救済を受けられる ➲R17.1

球がペナテルィーエリアの中にあることがわかっているか、事実上確実だという強い証拠があれば、その証拠に基づいて救済の基点を推定します。球がペナルティーエリアの中にあることの事実上確実な証拠がなく、3分以内に球を見つけることができない場合は、紛失球として処置をしなければなりません。

罰なしにプレー。 クラブをソールしてもOK ➲R17.1

罰なしにプレーすることができます。その場合ペナルティーエリア内の地面にクラブなどで触れてもいい（ソールしてもいい）し、ルースインペディメントを取り除くこともできます。

ペナルティーエリアでは以下がNG ➲R16.1

次の救済処置を受けることはできない。
○異常なコース状態による障害からの救済
○地面にくい込んでいる球の救済
○アンプレヤブルの救済

Q イエローペナルティーエリアに球が入ったらどうする?

ペナルティーエリアから打ち、一度も他のエリアに届かず、再びペナルティーエリアに球が止まったら？
➔p.33を参照

Rule Man

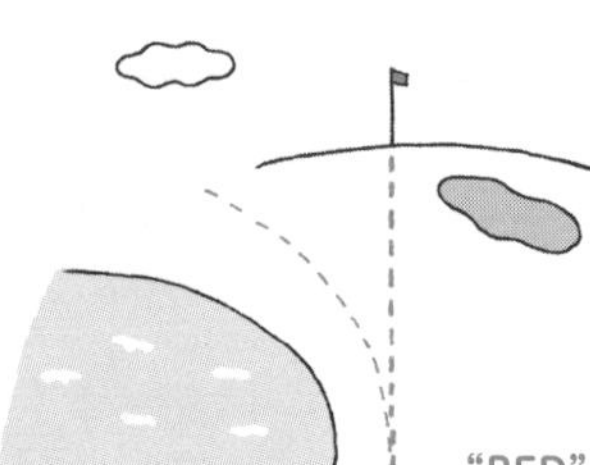

“RED”のラテラル救済

Q レッドペナルティーエリアに球が入ったらどうする?

“RED”“YELLOW”の後方線上救済

上記の脱出失敗例がレッドペナルティーエリアで起きたら、ラテラル救済も選べる。やはり“エリア外から最後に打った球”がそこに飛び込んだ地点が基点。そしてもう一例。同じく“あるがまま”で打ち、他のエリアで一度バウンドして球が戻った場合は、“そのショットがペナルティーエリアの縁を横切った地点”が基点。

Rule Man

Q ペナルティーエリアの杭が邪魔なときは抜いてもいい?

そのまま打つか 1罰打で救済を受けるか ➲R17.1

罰なし

1罰打

そのままプレーするか、1罰打で救済を受けるか。
1罰打の救済には次の2つの選択肢があります。
❶最後のプレー地点に戻る（ストロークと距離の処置）
❷球がそのペナルティーエリアの縁を最後に横切った地点とホールを結ぶ線上でそのペナルティーエリアの後方（距離の制限なし）に基点を決める。そこから1クラブレングスでホールに近づかないペナルティーエリア以外のコース上にドロップ（後方線上の救済）。
➲詳細はp.32〜35

レッドペナルティーエリアには 3つの救済エリアがある ➲R17.1

1罰打

そのままプレーするか、1罰打で救済を受けるかを選びます。1罰打の救済には次の3つの選択肢があります。
❶最後のプレー地点に戻る（ストロークと距離の処置）
❷球がそのペナルティーエリアの縁を最後に横切った地点とホールを結ぶ線上でそのペナルティーエリアの後方（距離の制限なし）に基点を決めます。その基点から1クラブレングスでホールに近づかないペナルティーエリア以外のコース上にドロップ（後方線上の救済）
❸元の球がそのレッドペナルティーエリアの縁を最後に横切ったと推定した地点を基点とし、その基点から2クラブレングスの範囲の救済エリアにドロップ。救済エリアは基点よりホールに近づかず、同じペナルティーエリアでなければコース上のどこでも良い（ラテラル救済）➲詳細はp.32〜35

簡単に抜けるならOK ➲R15.2

ペナルティーエリアを標示する杭は障害物なので、抜いていい。
プレーした後は元の位置に戻すこと。

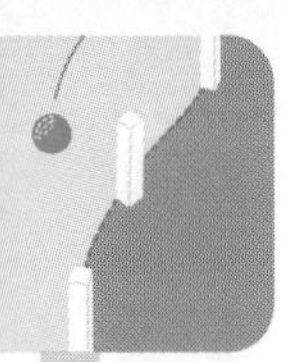

Ball Lost, OB
紛失球、アウトオブバウンズ

Q 球は何分間、探せる?

Q 球は見つかったが、自分の球かどうかハッキリしないときは?

Q OBの球かどうかの判断基準は?

Q 球が紛失球やOBとなった場合どうすればいい?

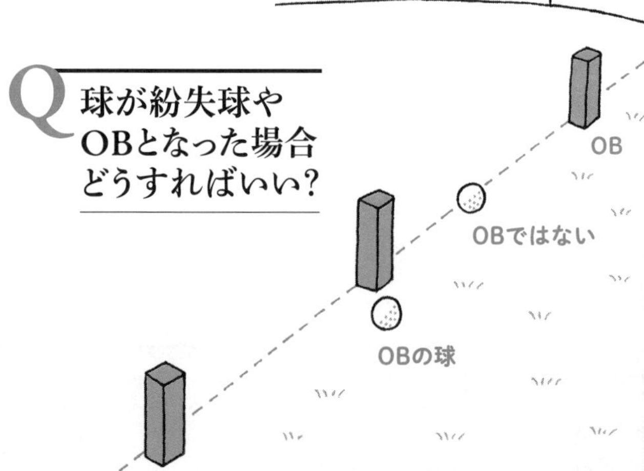

球が紛失球となったり、
アウトオブバウンズ（OB）となった場合は、
1罰打を加え、直前のストロークをした所から
プレーをしなければなりません。

3分間探して見つからなければ紛失球 ➲R18.2

球を探し始めてから3分以内に球を見つけることができなければ、その球は紛失球となります。

確認できなければ紛失球となる ➲R7.2

その球がプレーヤーの球であることを識別できるマークやブランド、番号が確認できるか、その球がプレーヤーがストロークした球であることを誰かが見ていて確認していたのでなければ、紛失球となります。

球がすべてOB区域にあるかどうか ➲R18.2

球全体がコース外、つまりOBの区域にある場合、その球はOBとなります。

打ったところに戻って1罰打で救済エリアにドロップ ➲R18.2

1罰打を加え、直前のストロークをしたところを基点にして1クラブレングス以内で、ホールに近づかない、基点と同じコースエリアにドロップします。直前にストロークしたのがティーイングエリアなら、ティーイングエリア内にティーアップ。直前のストロークをした場所がパッティンググリーン上の場合はリプレースします。

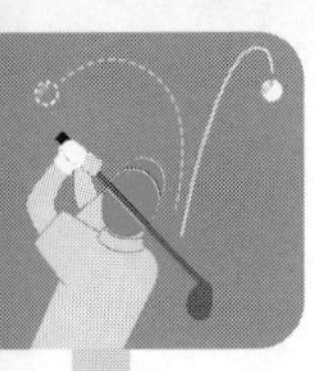

Provisional Ball
暫定球

Q 暫定球はどんなとき、どうやって打つ?

Q 暫定球であることを明確に告げずに別の球を打ってしまったら?

Q 暫定球をプレーした後で、元の球がコース上で見つかったら?

Q ペナルティーエリアで初めの球が見つかっても暫定球を選択できる?

ペナルティーエリアに入ったと思っただけでは暫定球は打てない。ペナルティーエリアの外で紛失、またはOBの可能性がある場合、暫定球を打てる。

**紛失球、またはOBであった場合の
打ち直しの処置をあらかじめ
プレーしておくのが暫定球です。**

紛失球またはOBの可能性があるとき、宣言して打つ ➲R18.3

プレーした球がペナルティーエリア外で紛失するかもしれない、またはOBかもしれないと思った場合は、マーカーや他のプレーヤーに「暫定球をプレーします」と伝えて別の球をプレーすることができます。このときその別の球が暫定球であることを明確に伝える必要があります。

元の球は紛失球となる ➲R18.3

元の球は紛失球となり、その別の球が1罰打でインプレーの球となります。例えば、1打目をプレーした後、暫定球であることを告げずに別の球を打ち直した場合は、その別の球が3打目としてインプレーに。

暫定球でプレーできなくなる ➲R18.3

元の球が見つかったその時点で暫定球の役割は終わります。したがって、プレーヤーは元の球でプレーを続けなければなりません。もしその元の球がブッシュなど打てないところで見つかったとしても暫定球の方を選択することはできません。

暫定球でのプレー不可 ➲R18.3

元の球がペナルティーエリアの中で見つかった、または入ったのが事実上確実な場合、暫定球でプレーを続けることはできない。ペナルティーエリアの球をそのまま打つか、救済を受けてプレーします。

Q 暫定球がインプレーの球となるのはいつ?

Q 暫定球を続けてプレーしていける?

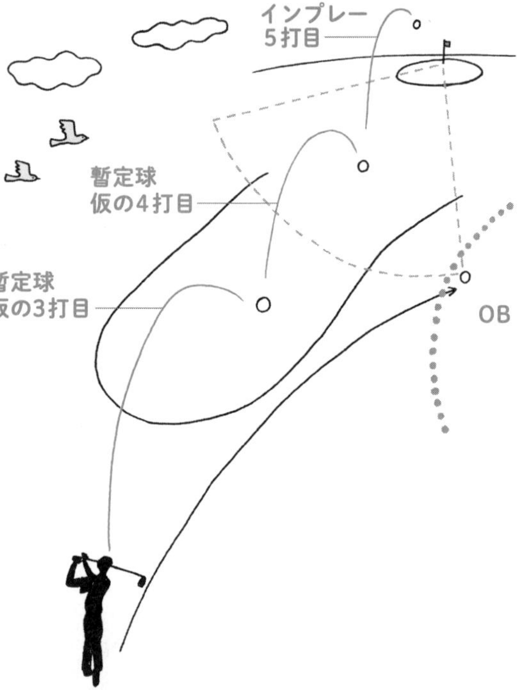

「暫定球を打ちます!」
その言葉が必要なのはなぜ?

What's that?

元の球が紛失球、または OBであるとわかったとき

R18.3

元の球がペナルティーエリア以外のコース上で紛失球となったか、OBであることがわかった時点で暫定球が1罰打のもとにインプレーの球となる。

元の球よりホールに近いところでは打てない

R18.3

暫定球をプレーした後、元の球があると思われる場所よりホールに近づかないところであれば、その暫定球を、暫定球としてプレーしていくことができます。元の球があると思われる場所よりホールに近い所にある暫定球をプレーした場合は、1罰打をつけて、暫定球がインプレーとなる。

左のイラストでグリーンに向けて球を打った瞬間、暫定球がインプレーに。仮にその直後、想定していたよりホールに近いジェネラルエリアで球が見つかったとしても、もはやそれは紛失球（誤球）。そちらでプレーしたいと思うのは人情だが、打てば2罰打だ。

暫定球をプレーするときは、はっきりと他のプレーヤーに聞こえるように、暫定球を打つことを宣言しなくてはならない。元の球とは明らかに違う“暫定的な球”を打つということを明解にするために、この宣言が必要なのだ。

Unplayable Ball
アンプレヤブル

Q アンプレヤブルの処置ができない場所はある?

Q アンプレヤブルの救済処置は?

➔p.196参照

Q アンプレヤブルでストロークと距離の救済を受けるには?

Q アンプレヤブルで後方線上の救済を受けるときはどうすればいい?

**球が木の上に止まってしまったり、
ブッシュの中に入ってしまい、その場所からは打てない、
または打ちたくない場合があります。
その場合の1罰打での救済処置があります。**

ペナルティーエリア内ではアンプレヤブルにできない ➲R19.1

ペナルティーエリアの中にある球に対しては規則17の救済処置をとることしかできません（➲p.30〜33参照）。

1罰打で3通りの救済方法がある ➲R19.2

❶ストロークと距離の救済
❷後方線上の救済
❸ラテラル救済

直前に球を打った場所を基点とした救済エリアからプレー ➲R19.2

○基点……直前のストロークを行った箇所
○範囲……1クラブレングス
○制限……基点よりホールに近づかない、基点と同じコースエリア

球の後方が基点となる救済エリアからプレー ➲R19.2

後方線上の救済を受ける場合は、下記の救済エリアから1罰打でプレー。
○基点……球とホールを結ぶ線上で、その球の後方に基点を決めます（後方であれば距離に制限はなし）
○範囲……1クラブレングス
○制限……基点よりホールに近づかないコースエリア

Q アンプレヤブルでラテラル救済を受けるときはどうすればいい?

Q バンカー内のアンプレヤブルの救済処置は?

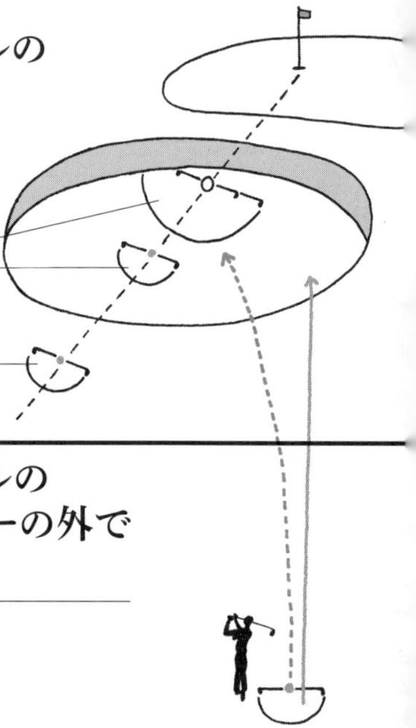

1罰打でドロップ

2罰打でドロップ

Q アンプレヤブルの救済をバンカーの外で受けるときは?

「ラテラル救済」って、何?

What's that?

その球を基点とした救済エリアからプレー ➡R19.2

ラテラル救済を受ける場合は、下記の救済エリアから1罰打でプレー。

○基点……球
○範囲……2クラブレングス
○制限……ホールに近づかない、コースエリア

4つの方法から選べる ➡R19.3

バンカー内でアンプレヤブルの救済を受けるときは、下記の4つの選択肢から救済方法を選ぶ。

〈1罰打での選択肢〉
○ストロークと距離の救済
○後方線上の救済
○ラテラル救済
▷後方線上の救済とラテラル救済は同バンカー内で

〈2罰打での選択肢〉
○バンカーの外側後方での救済
▷詳細は次の項目およびp.196参照

2罰打でバンカーの後方からプレー ➡R19.2

2罰打で下記の救済エリアからプレー。
基点……球とホールを結ぶ線上で、そのバンカーの後方外側に基点を決める（後方なら距離に制限はなし）
範囲……1クラブレングス
範囲……ホールに近づかない、コースエリア

レッドペナルティーエリアで球がペナルティーエリアの縁を横切った地点から横に2クラブレングスでドロップという救済がある。これを「ラテラル救済」と呼ぶ。アンプレヤブルで球から2クラブレングス以内にドロップするのも同様だ。

THAT'S WHY 4

ドロップ？ リプレース？

根っこには“あるがまま”の精神が

グリーンでマークした球は、誰もが「リプレース」する。しかし他のエリアで拾い上げると「ドロップ……ですよね？」と迷うもの。不規則に球が転がるドロップは、自分を有利にさせない万能処置と考えがちで、みなさんが善人である証だ。

以下、整理しよう。

異常なコース状態に止まった球の救済で移動を伴う際は、罰なしに「ドロップ」。アンプレヤブルは1罰打で「ドロップ」（グリーンでは双方「プレース」）。

ルースインペディメントを取り去る際に球が動いたら、1罰打で「リプレース」。レーキやカートなど動かせる障害物絡みで球が動いたら、罰なしに「リプレース」。

バンカーに埋まった球が自分のものか確認する特殊ケースも「リプレース」だ。砂を少しだけどける確認方法から始め、拾って確かめるとすれば、付着した土を落とさないようにしなければ。

それを打つことにしたら、球に砂をかぶせる。借家を引き払う際の原状復帰のように「リプレース」する。なぜそこまで？　すべてが“あるがまま”の派生的処置だからだ（p.204参照）。

DROP?
REPLACE?

Scorecard
スコアカードの提出

Q サインを忘れて スコアカードを提出したら?

マーカーがつけた自分のスコアをチェックし、正しければPlayer's Signatureの欄にサイン。これがスコア提出の流れ。

Q スコアや規則について 疑問がある場合は?

ローカルルールでホールのスコアの最大ストローク（パー 4なら2倍の8など）を委員会が決められるようになった。

Q プレーヤー、 またはマーカーがサインする 場所を間違えたら?

Q スコアカード提出で プレーヤーが 注意することは?

競技ではラウンドが終了したらスコアカードを速やかに提出します。記入内容が間違っていた場合、プレーヤーが罰を受けることがあるのでしっかり確認してからスコアカードを提出しましょう。

プレーヤー、マーカー両方のサインがなければ失格 ➔R 3.3

失格

スコアカードにはプレーヤーと、マーカーがそのスコアを確認したことの証明をするために、プレーヤー、マーカーの両者のサインが必要。どちらかのサインがなくスコアカードを提出した場合は失格となります。

レフェリーまたは競技を運営する委員会に確認 ➔R20.2

スコアカードの内容や規則について疑問がある場合は、スコアカードを提出する前に裁定する権限を持っているレフェリー、または委員会に確認しよう。

プレーヤーとマーカーのサインがあれば罰はない ➔R3.3

サインをする場所を間違えても、罰はありません。重要なのはスコアカード上にプレーヤーとマーカーの両者のサインがあることです。

サイン、スコア、ハンディはプレーヤーの責任 ➔R3.3

次の事項が正しく記入されていることはプレーヤーの責任。

○プレーヤーとマーカーのサイン

○各ホールのスコアが正しいこと

○ハンディキャップ競技では、そのプレーヤーの正しいハンディキャップ

Q スコアを間違えてスコアカードを提出したら?

Q 罰を受けていたことを知らず、その罰を加えずにスコアカードを提出したら?

すぐさま失格とはしない、右のような規定があるのだが、ゴルファーはルールをよく知っておいてほしいものだ。

Q ネットスコアを間違えて、スコアカードを提出したら?

Q 各ホールのスコアは正しいが、合計スコアを間違えてしまったら?

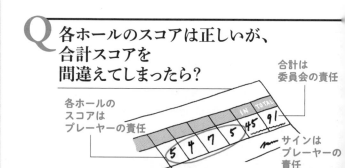

少ないスコアを提出したら失格 ➔R3.3

いずれかのホールで事実よりも少ないスコアを記入していた場合失格となります。逆に事実より多いスコアを記入していた場合はそのスコアが採用されます。

競技終了前ならスコアカードを修正する ➔R3.3

罰を受けていたことを知らずにスコアカードを出していたことが競技終了前に発覚した場合は、その受けていた罰をそのホールのスコアに加えることによってスコアカードを修正します。競技終了後に発覚した場合は、罰が加算されずそのままのスコアが採用される。

プレーヤーに責任はない ➔R3.3

下記の事項については委員会（競技を管理する人、またはグループ）の責任。

○競技の日付、プレーヤーの名前が記入されたスコアカードを発行すること。

○スコアの合計の計算。

○ハンディキャップ競技では、ハンディキャップを算入してネットスコアを出すこと。

合計スコアを間違えても罰はない ➔R19.2

合計スコアの計算の責任は委員会にあるので罰はありません。しかし、プレーヤーは各ホールのスコアと合計スコアが一致することが確認できるように、合計スコアもしっかり計算してスコアカードを提出するようにしましょう。

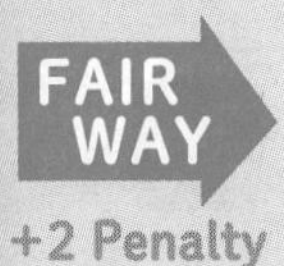

Local rules
紛失球、OBのローカルルール

Q “前進4打” 的なローカルルールとは?

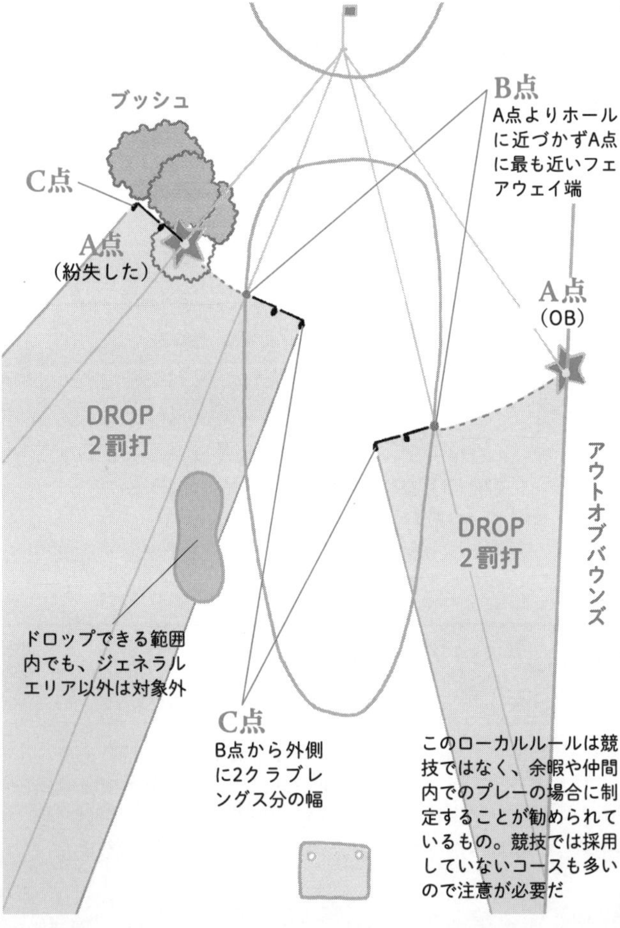

このローカルルールは競技ではなく、余暇や仲間内でのプレーの場合に制定することが勧められているもの。競技では採用していないコースも多いので注意が必要だ

**ローカルルールで決められていれば
球が紛失球となった、
またはOBとなったところを推定して、
2罰打を加えて球をドロップすることができます。**

正式名は「ストロークと距離の処置に代わるローカルルール」

ティーイングエリアから打った球が、左図のOBやブッシュに飛び込み紛失したとする。本来“ストロークと距離の罰”として1罰打を付加しティーから3打目。これを図のA点付近でドロップし、2罰打でプレー再開する方式がこのローカルルール。

球がなくなった場所を推定して救済エリアを決める

下記の方法で救済エリアを決め、その中にドロップし、2罰打を加えてプレーします（イラスト参照）。
○基点➜2つの基点を推定
A点……球が止まっていたと思われる地点（OBなら境界を横切った地点）
B点……A点よりホールに近づかずA点に最も近いフェアウェイ端
○範囲➜A点とホールを結ぶ線、及びB点とホールを結ぶ線を想定し、その外側2クラブレングス（C点）の幅を含めた範囲のジェネラルエリアにドロップ

このローカルルール採用中でも暫定球は打つことができる

例えばティーイングエリアから至近地点で紛失しそうなら、暫定球を打つほうがグリーンに近いところで第4打を打てる。この暫定球は認められています。元の球がOBだった場合は暫定球がインプレーになり、このローカルルールの処置は使えません。

「ルール早わかりQ&A」は、よくあるケースを抜粋したもので、ストロークプレーのルールを説明しています。各解答に付けたR○○は、そのQ&Aに該当するゴルフ規則の条項を表示したものです。「詳説」は2019年2月9日にR10.2b(4)に関して発表されたものです。正確なルール解釈については、JGA発行の『ゴルフ規則』を参照ください。

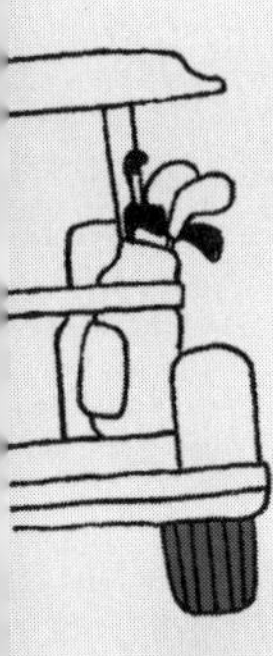

NO MORE SLOW PLAY!

ルールを知ると こんなにパパッと 回れるのか!

もしも空からゴルフ場を眺めたなら!
コース大渋滞の原因はいったい!?
そして時短を掲げるルールができた。

ピンを立ててパットは効果絶大

NO MORE SLOW PLAY!

年長者にピンフラッグを持たせておくなんて！　後輩はパットを終えた先輩に、自分が持ちますと歩み寄る。かつて幅を利かせた、このニッポンのゴルフマナーもどきは、後輩君を大忙しにさせたかったのだろうか。

2019年改正ルール以降、ピンを抜かずにパットできている。格段にプレーが速くなったと感じているのでは？

「そもそもピンを抜かなければならなかったのは、ピンを立てたままパットするのがプレーの援助にあたるとの考え方から。しかしそれは必ずしも有利とはいえないと、現状のトーナメントからも推察されます」（林孝之／2018年まで全英オープンレフェリー）。

ならば、ピンを立てたままでもいいじゃないかと、ゴルフルールは、スピーディなプレーに向けて舵を切った。

現場では、ショートパットはピンを抜いて打つゴルファーもいる。実際にはピンを置いたり差したりと忙しくなりがちだが、どうにかスロープレーを回避すべく、みんなで頑張るほかない。

“レディーゴルフ”できていますか？

“遠球先打”。ホールから遠い人から順に打つ原則は今もある。20ヤードのパットをする人が、10ヤードのアプローチを先に打てと促すシーンがあるけれど、おかしいですね。本当はグリーン上のプレーヤーが打つ番だ。

一方で、スロープレーはゴルフ場全体に波及していく深刻な問題であり、現ルールでは「準備ができた人から打つ」ことも推奨されている。

ロングパットで誰かがピンを持つシーンは少なくなった。以下のような余計なことはしないように。球が転がりだしてから「ピン持ちますね」なんてことをすれば、取り除いた人に2罰打（p.130参照）。

カウントダウン40秒

NO MORE SLOW PLAY!

「時間がかかりすぎて退屈」というゴルフへの評価に、敢然と立ち向かったのが、2019年改正ルールだ。

1ストローク40秒以内を目安にしようとなった。どうぞ40秒丸々使ってねという話ではない。なぜって、以下のようになるからだ。

9ホールのスコア54打の4人がプレーしたら、単純計算で各自毎ホール6打。6打×40秒×4人＝960秒で、すでに16分となる。打った人の球が静止するまで待ち、次打者が少しノロノロしたうえ40秒カウントを始めることで2割増し、とすれば計19分12秒消費。さらにみんなが歩く時間やホール間移動を、各ホール3分18秒として追加……1ホール22分30秒である。9ホール合計202分30秒＝3時間22分30秒！

もはや事件では？ 午前10時スタートの最終組は、午後5時45分にならないとホールアウトできない（食事1時間）。実際には、15秒で打つくらいの心構えでプレーしないと！

かつては「ハーフ2時間を守れ」と言われた。そこそこの腕前の4人なら、今でも1時間半で9ホール回れる。客が少なかった時代の老舗倶楽部では、1日2ラウンドが当たり前。みなさんは、どう時短に取り組みますか？

球探し3分は意外とアバウト

以前より2分減って、現ルールで認められる球探しの時間は3分。とはいえそうキツイ縛りでもない。

ここらへんにあるだろうと思ってから概ね3分。ストップウォッチで計るわけではなく自分で時間経過を判断。もし仲間が見つけてくれたなら、そこまで移動する時間は3分を超えていてもOK。

球探しの際、草に隠れた球を蹴ってしまったら？ ここでも、探すという合理的行動をしていたかが大事。偶然に球が動いたなら、元の位置（わからなければ推定）にリプレースだ（p.86参照）。ルールはゴルファーを取り締まっているわけではないのだ。

“目玉”になったその球打ちますか？

NO MORE SLOW PLAY!

もちろん、打つか打たないか、ゴルファーの自由である。ただバンカーは、わざと打ちにくい状況として提供されている。この砂地で4打、5打費やし、心のダメージを膨らませなくても……。

2罰打を投じてバンカー後方にドロップするのを（p.118参照）、損と思うか、作戦と考えるかの問題だ。即決できる潔さがあれば、ゴルフ場大渋滞問題は解決へと向かう。コース上に200人いれば、その掛け算だ。

ルールをよく知ることも、時短につながる。カート道にある球は救済を受けて罰なしにドロップできるが、まず「どこに？」を秒で決めたい。「こ、ここでいいの？」と人目をはばかるようにポロリと球を放すゴルファーは、ぜひ勉強を！

2018年までは通例として、同組のマーカーに救済を受ける旨を伝え、近くに呼び寄せたうえ、ドロップが正当に行われたか見てもらい、しかも競技では球位置にマークし、1クラブレングスの地点にマークし、救済エリアを確認してようやくドロップしていた。なかなかの時間の浪費である。

現ルールでは、自分で救済適用を即決し、一人で正しい救済エリアにドロップする。あっという間だ。

ニヤレストポイントは
覚えてほしい

各所での救済ドロップの場合。修理地や目的外グリーン、建物など動かせない障害物によりそのまま打てないとき、最も短い球の移動ポイントを確定する（ニヤレストポイント。p.194参照）。オドオドしないための必須科目だ。

アンプレヤブルは、いつでも自由に選択できる（p.164参照）。2019年以降、膝の高さという低い位置からのドロップとなり、バンカー内でのドロップも、砂に埋もれる確率は減った。

ペナルティーエリアという大改革

NO MORE SLOW PLAY!

池は、難問だった。池方向に球が飛んでも、紛失球となることが多かった。ほぼ1打分、スコアが増える。競技者は悶絶し、警戒しまくった。

なぜ？ 池に球が飛び込んだのを目視できていれば、ウォーターハザードの球の処置でよく、そこが赤杭なら、境界線を横切った地点から2クラブレングスにドロップできた（1罰打）。しかし「池に入ったと思う」はなかなか認められず、池にある球を確認できないと紛失球扱いで、元の位置から1罰打で打つことが多かった。「いや池だ」と言い張っても、のちに元の球が池周辺で発見されたら大変。誤所からのプレーとなる。

そして生まれたのが、周辺の草地を含めたペナルティーエリアだ。ここに球が飛び込んだのは事実上確実、と合理的に判断できれば、ペナルティーエリアの規則に従い、1罰打でプレー再開。仮に元の球が見つかっても、すでに合理的判断がくだされた事案として、その球は無視できる（p.30参照）。ほぼほぼストレスフリーなのでは!?

目視で1クラブレングス

ペナルティーエリアの救済で1罰打のドロップに移るとしよう。1クラブレングスをなるべく長くとりたい場面だが、携えているのは数本のアイアンだけ。しかし心配はご無用だ。「パター以外の最も長いクラブ」、通常はドライバーを計測に使うが、わざわざ取りにいかなくても、およそこの長さ、という推定が認められる。

絵のシーンがレッドペナルティーエリアなら、池の向こう岸にも救済エリアがある。いわゆるアイランドグリーンの場合には、赤いラインからホールに近づかない2クラブレングスを求めた場合、グリーン上にドロップできるケースもある。

Column

“OK” のルーツ

「その短いパット、OK！」。

実はこれがルールで認められていることを知っているだろうか？「次のストロークのコンシード」。これがいわゆる“OK”だ。ただしこれはマッチプレー限定の話。ストロークプレーではもちろんルール違反。それがなぜ、一般的な言葉として使われることになったのか？　それはゴルフの起源がマッチプレーだったから。ゴルフの本当の姿を思い起こして、たまにはマッチプレーで堂々と「OK！」と叫んでみてはどうだろう。

Match Play
クラチャンを目指す人々へ
マッチプレールール

1744年に初めてできたゴルフのルールは
マッチプレーを対象にしていた。
初のストロークプレーは1759年である。
プロ競技の数が減ったマッチプレーだが
倶楽部選手権などでは主流の競技スタイル。
聞きなれないルールも多いのでは?

2人で遊ぶときも使えます

「1UP」とはこのホールを少ないストロークで上がった手前のプレーヤーが勝ち、1ホール分リードしているという意味。

CASE 1
ティーの外で打っても罰なしになる!?

マッチプレーでは、ティーイングエリアの外から打っても罰はない。ティーマーカーより前にボールが出た状態でティーショットを打った場合でも、だ。しかし、マッチの相手はそのストロークを取り消すことができる。つまり相手のショットがOBならそのまま、ナイスショットなら取り消すという、駆け引きが可能となるのだ。ただしストロークをやり直させることができるのは、誰かが次のショットを打つ前。速やかな決断が求められる。 ➲6.1b(1)

駆け引きを認めるルールが！

**長いパットを入れてパーを取ると
短いパットを残していた他方が動揺して外す
――ストロークプレー以上に神経戦だ。
1メートルのパットをOKしたかと思えば
50センチをOKしないなど駆け引きをする。
ルールもその歴史を受けた形でできている。**

CASE 2
打順間違いでストローク取り消しも

打順を間違えた場合、マッチの相手はそのストロークを取り消すことができる。ただし時間節約のためなら、お互いの同意によって違った順番でプレーすることもできる。例えばティーイングエリアでオナーなのにトイレに寄りたい場合、すぐにティーオフできる状況なら、相手にオナーを譲り、相手もそれに同意すれば順番を変えることができる。その場合“順番が違ったことによるストロークを取り消す権利”は放棄したことになる。 ➲6.4a(2) 例外

CASE 3

球が2つ並んだときも“遠球先打”の縛り

セカンド以降は“遠球先打”が原則。この順番を取り違えると、ストロークプレーでは間違いを謝罪するだけで済むが、マッチプレーでは相手からストロークの取り消しを要求されることもある。では、お互いの球がホールからほぼ等距離の位置にあり、遠いほうを選べない場合はどちらが先に打てばいいのか。先に打つ球をお互いの同意か無作為な方法（投げたティーペッグの向きで決める等）によって決めることになるのだ。 ➲6.4a(1) 例外

CASE 4

1mパットをコンシード。あえて相手に打たせない

マッチの相手からコンシード（OK）された場合、辞退することも、相手が撤回することもできない。ストロークする時間を節約できるので速やかなプレーにつながるが、例えば相手にショートパットの感覚をなくさせるために、微妙な距離でもわざとコンシードし続ける、という駆け引きもできる。マッチ終盤の勝負所でそのラウンド初めてのショートパットを打たせると、プレッシャーが増してミスを誘発するというわけだ。

➲3.2b

コンシード

相手が次のストロークでホールアウトしたものと認める意思表示が「コンシード」。日本では「OK」と伝えるのが一般的。対戦ホールごと、マッチに対するギブアップも「コンシード」となる。「コンシード」は明確なやりとりがあった場合のみ成立する。伝え方は言葉だけでなく、身振りや手振りでも構わない。ただし、コンシードされたとの誤解があり、球を拾い上げてしまった場合の罰はなく、リプレースしてプレー続行となる。

ホールマッチにスコアカード不要!?

**ホールの勝ちを○、負けを×としたが
実際は、ほぼスコアカードは使わない。
「今、相手に対して2アップ」
「あと5ホールだが1アップすれば2ホール残して勝てる」
などと心の中でつぶやきながらプレーする。**

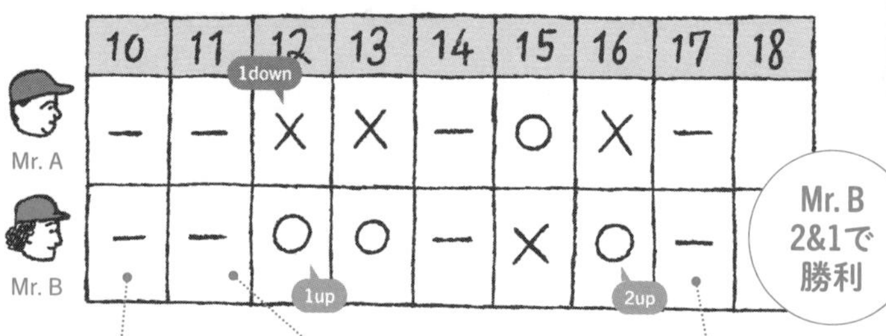

10
11
12
13
14
15
16
17
18
1down
Mr. A
－ － × × － ○ × －
Mr. B
－ － ○ ○ － × ○ －
1up
2up
Mr. B
2&1で
勝利

タイ
日本語では「分け」。そのホールのスコアが両者同じで、勝ち負けなしの意味。ハーフともいう

オールスクエア
ホールを取ったり取られたりで途中ホールまでの優劣がない状態を言う。マッチイーブンと言うこともある

ドーミーホール
Mr. Bが16番で2アッ したため、17番で2人 スコアが同じだとBの ち。そういうホールを して言う

マッチプレー用語

2&1

片方のプレーヤーが2アップし、1ホールを残して決着した様子を言う。もしもMr. Bが15番ホールを分けとし2アップを保っていたなら、16番でアップした時点で3アップ。残り2ホールを残して3&2の勝利となるところだった。その16番のことを、ホールを取れば勝ちという意味で、アップドーミーホールと呼ぶ。

CASE 5

相手とのハンディキャップ差は各ホールに割り振る

マッチプレーではホールごとにハンディキャップストロークが割り振られ、ネットスコアが少ないほうがそのホールの勝ちとなる。各ホールのハンディキャップの割り当ては委員会が決定し、通常はスコアカード上に記載されてプレー前に渡される。たとえば、ハンディキャップ差が「4」の場合、18ホールからピックアップした4つのホールにそれぞれ「1」ずつ割り当てられる。 ➲3.2c(2)

CASE 6

ドーミーホールから全ホール取れば引き分け

ホールの勝ち数が、残りのホール数を上回った時点で、そのマッチの勝者となる。例えば15番ホールを終えて4アップしていれば、残りは3ホールで逆転不可能。「4&3」で勝敗が決したことになる。また、勝っているホール数と残りのホール数が同じになった状態を「ドーミー」と呼び、次のホールを「ドーミーホール」と呼ぶ。勝っている側は、そのホールを勝つか引き分けると、マッチの勝利が決まる。

CASE 7

エキストラホール突入。最終ホールの後も練習不可

最終ホールを終えてもマッチがタイの場合、勝者が決まるまで1ホールずつ延長していく。まだ同じラウンドが継続しているのであり、新しいラウンドに移ったわけではない。つまり、その間に通常の練習はできない。ただし、ローカルルールで禁止されていなければ、不当な遅延にならないかぎり、ホールアウト直後のグリーンや練習グリーン、次のティーイングエリア周辺でのチッピング、パッティングの練習は認められている。 ➲3.2a(4)

トータルスコアは
敗者の方がいい場合も

**ストロークプレーの1ホールの大叩きと違い
マッチプレーでは単に1ホールの負け。
だから叩くホールもあるが
勝負どころでパーやバーディを取る人は
スコアの合計なら負けなのに
マッチプレーでは勝てる場合もあるのだ。**

CASE 8

互いに誤球したら先に間違った方が負け

ストロークプレーなら、お互いに2罰打で取り違えた場所に戻ってやり直しとなるが、マッチプレーの場合は別。最初に誤球をストロークしたプレーヤーが、そのホールの負けとなる。ただし、どちらが先に誤球したかわからない場合は、お互いに罰はなく、そのホールは入れ替わった球のままでプレーを終えなければならない。例えば、ティーで共用キャディーから、取り違えた球を受け取ってプレーした場合などが考えられるからだ。 ➲R6.3c

CASE 9

談合的に勝敗を決着させると失格になる

日没間際「もうこの18番だけで決着をつけよう」などと両者の合意で競技の条件を変えてしまうこともできそう。他にも、どちらかが1アップした時点で他方が残りのホールをコンシードする、など事前の取り決めをしてマッチを短縮……どちらもNGだ。両者、競技失格となる。ただし、プレーヤーたちがそうしたことは認められていないと知らなかった場合は、そのマッチはプレーされたとおりに成立する。 ➲R3.2b(1)

ギブアップ

ホールのプレー途中で負けを認めること。正式には「コンシード」。「OK」と言って相手のが次の1打でホールアウトしたと認めることも「コンシード」と言う。2アップ、3アップなどは勝っているホール数を表し、2ダウンなどは負けているホール数を表現したものだ。18ホールマッチでは「10&8」という不名誉な勝敗決着もありうる。全ホールをひとりのプレーヤーが勝っていくと、8ホールを残して勝負がつく。

ドロップルール〈応用編〉

AとB、
どちらが球から
近いか!?

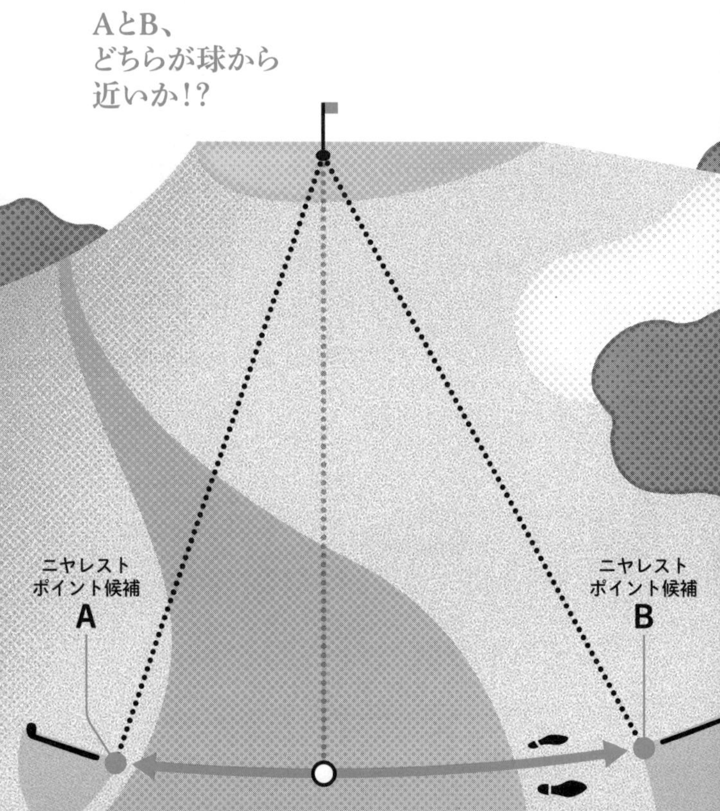

ドロップの前に ニヤレストポイント

カート道路はルール上“異常なコース状態”である。救済の対象だが、道の中央に球が止まっていたらA、B、どちらにドロップできるだろう。ここを理解すれば、ドロップは簡単。まずニヤレストポイントはどこかだ。

“障害なし”に打てる+最短距離移動

ニヤレストポイントとは？　左図でAの候補は球からの移動距離が短いが、スタンスをとる関係でBの候補は移動距離が長い。スタンスが道路にかかると「完全な救済」という条件を満たさないので、道路に止まった球からBへの移動距離は、球とAを結んだ距離より長くなるというわけだ。よってニヤレストポイントはより球に近いA点となる。

Aを基点に1クラブレングスが正解

ニヤレストポイントが確定したら、次は救済エリアの計測だ。ズバリ言えば、その際手にしていないであろうドライバーの長さを推定し（誠実に）、基点からの範囲を把握する。次いで扇型のエリアを見極める。念のためティーなどを刺してもいいが、必ず刺す必要はない。この扇形に球が落ちて止まるよう、膝の高さからドロップだ。

救済を受けても
足が道路にかかるなら再ドロップ

左の図で球がカート道路の右端に止まっていたら、Bがニヤレストポイントだ。この場合は注意が必要。スタンスの障害にもならない位置をニヤレストポイントとし、そこを基点として完全な救済を受けられる、救済エリアを決めるということだ。

復習

「完全な救済」とは?

異常なコース状態であるカート道路から救済を受けるなら、打つときにスタンスがかかることのないよう完全に救済されていなければならない、という意味。 p.150参照

ドロップルール〈応用編〉

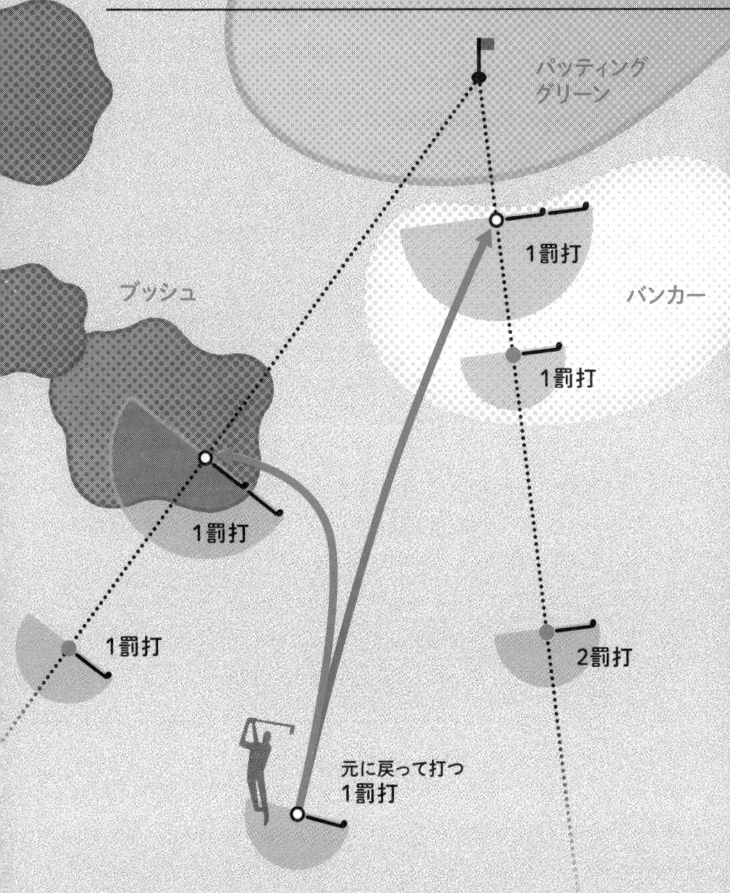

アンプレヤブルは いつでも宣言可能

垂直に切り立ったバンカーの壁にくっついた球――そんなケースも、世界に目を向けると日常的にある。アンプレヤブルはゴルファーに与えられた最も大きな救済だ。

球から2クラブ以内で打てる場所は?

宣言といっても大声を出す必要はなく、自分で1罰打（or2罰打）を付加し、救済エリアにドロップすればいい。最初に考えるのが、“ホールに近づかない球から2クラブレングス”だろう。ブッシュにつかまった球だと、2クラブレングスの半円の範囲が与えられても、スイングするスペースが確保できない可能性も出てくる（イラスト参照）。

スイング不能なら
後方線上にドロップ

2クラブレングスはドライバーで測ればいいのだが、やはりスイングするスペースが足りないとなれば、後方線上の救済エリアを使うだろう。下がる距離に制限はないが、バンカーにある球を1罰打でドロップするには、バンカー内限定。“2罰打バージョン”を使えば、芝の上に救済エリアを求めることができる。

直前のストローク地点にも
ドロップできる

打った地点に戻って1罰打で打つ選択肢は常に認められている。高度な技術を持つプレーヤーは、この選択をすることもあるだろう。すでにグリーン方向に歩き出しているため位置がはっきりしないとすれば、誠実に位置を推定し基点を決める。そのうえで“ホールに近づかない1クラブレングス”にドロップである。

復習

ドロップ三原則は?

膝の高さから球を落とす。ファーストバウンドを救済エリア内に。球を救済エリアに止める。 ➲p.150参照

ドロップルール〈応用編〉

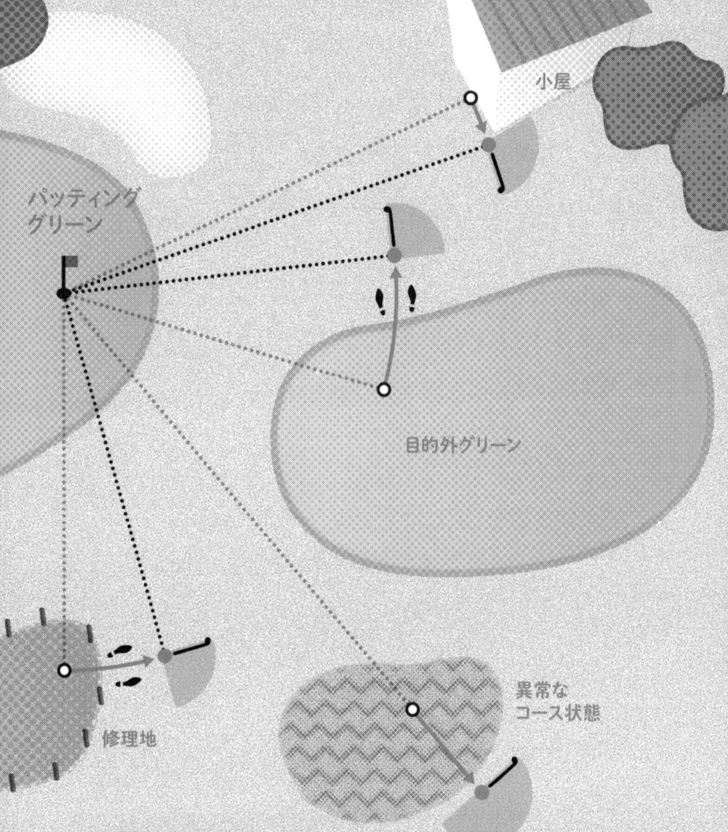

障害物で困ったら どうすればいい?

道路に限らず“異常なコース状態”はコース内各所にある。動物による激しい凹凸も、一時的な水たまりも避難小屋も対象。目的外グリーンや修理地からの救済も含め、ゴルファーがどうにかプレー続行できるよう、ルールは助けてくれる。ニヤレストポイントがわかれば対処は簡単だ。

青杭エリアの外のニヤレストポイント

修理地の範囲は青杭や白線などで示されていることが多い。その修理地の外で、移動距離が最も短く、ホールに近づかない地点を探す。そのニヤレストポイントを基点とする1クラブレングスの救済エリアにドロップする。

“一時的な水”や掘り返された場所では

これは障害であり、球がそこにあれば、罰なしにドロップできる。もぐらの穴や、大きな動物が掘り返した場所なども同様だ。青杭のケースと同様にニヤレストポイントを確認し、“ホールに近づかない1クラブレングス”の救済エリアにドロップする。

サブグリーンでは足がかからないよう

その日使っていない目的外グリーンに球が止まったら、必ず救済を受けることが義務づけられた。やはりニヤレストポイントを確認し、“ホールに近づかない1クラブレングスにドロップ”。スタンスが確実に目的外グリーンの外に出ていることが求められる。

避難小屋に球がくっついたときも

ニヤレストポイントを探そう。ホールに近づかない、移動距離が最短の、それでいて問題なくスイングできる場所だ。それを基点に救済エリアを求めドロップする。こうした動かせない障害物は、その障害物やコースを壊さずには動かすことができないもののこと（詳しくは定義を参照)。

「救済処置×救済エリア」まとめ

救済の種類	球が止まっている所	罰打	基点
異常なコース状態	ジェネラルエリア	**罰なし**	完全な救済のニヤレストポイント ジェネラルエリア内
異常なコース状態	バンカー	**罰なし**	完全な救済のニヤレストポイント バンカー内
異常なコース状態	バンカー	**1打**	球とホールを結ぶ線上でそのバンカーの外の後方線上（距離に制限なし）
異常なコース状態 （障害がなくなる所がない）	バンカー	**罰なし**	最大限の救済を受けることができるポイント バンカー内
異常なコース状態	パッティンググリーン	**罰なし**	完全な救済の ニヤレストポイント パッティンググリーンかジェネラルエリア内
異常なコース状態 （障害がなくなる所がない）	パッティンググリーン	**罰なし**	最大限の救済を受けることができる パッティンググリーンかジェネラルエリア内
目的外グリーン	コース上（制限なし）	**罰なし**	完全な救済のニヤレストポイント 球が止まっているコースエリア内
地面にくい込んだ球	ジェネラルエリア	**罰なし**	球がくい込んでいる場所の直後の地点
イエローペナルティーエリア **ストロークと距離の救済**	イエローペナルティーエリア	**1打**	直前のストロークを行なった地点
イエローペナルティーエリア **後方線上の救済**	イエローペナルティーエリア	**1打**	球がペナルティーエリアを最後に横切った地点とホールを結ぶ、そのペナルティーエリアの後方線上（距離に制限なし）

◎使用頻度の高い救済処置をまとめた。
◎「基点」は、救済エリアの大きさを計測するときの基点のこと。
◎「選択」は受けるか受けないかを選べる救済。
◎「強制」は受けなければならないと決められた救済。

範囲（クラブレングス）	救済エリアの範囲の制限	ドロップ／リプレース	選択／強制
1クラブ	○基点よりホールに近づかない ○ジェネラルエリア ○障害が完全になくなる所	**ドロップ**	選択
1クラブ	○基点よりホールに近づかない ○バンカー ○障害が完全になくなる所	**ドロップ**	選択
1クラブ	○基点よりホールに近づかない ○どのコースエリアでもよい	**ドロップ**	選択
1クラブ	○基点よりホールに近づかない ○バンカー	**ドロップ**	選択
なし	○基点	**プレース**	選択
なし	○基点	**プレース**	選択
1クラブ	○基点よりホールに近づかない ○基点と同じコースエリア ○障害が完全になくなる所	**ドロップ**	強制
1クラブ	○基点よりホールに近づかない ○ジェネラルエリア	**ドロップ**	選択
1クラブ	○基点よりホールに近づかない ○基点と同じコースエリア	**ドロップ** （基点がティーイングエリアの場合はティーアップ）	選択
1クラブ	○基点よりホールに近づかない ○ペナルティーエリア以外のコースエリア	**ドロップ**	選択

救済の種類	球が止まっている所	罰打	基点
レッドペナルティーエリア ストロークと距離の処置	レッドペナルティーエリア	**1打**	直前のストロークを行なった地点
レッドペナルティーエリア 後方線上の救済	レッドペナルティーエリア	**1打**	球がペナルティーエリアを最後に横切った地点とホールを結ぶ、そのペナルティーエリアの後方線上（距離に制限なし）
レッドペナルティーエリア ラテラル救済	レッドペナルティーエリア	**1打**	球がペナルティーエリアを最後に横切った地点
紛失球	不明	**1打**	直前のストロークを行なった地点
アウトオブバウンズ	アウトオブバウンズ	**1打**	直前のストロークを行なった地点
アンプレヤブル ストロークと距離の処置	ジェネラルエリア	**1打**	直前のストロークを行なった地点
アンプレヤブル 後方線上の救済	ジェネラルエリア	**1打**	球とホールを結ぶ線上でその球の後方線上（距離に制限なし）
アンプレヤブル ラテラル救済	ジェネラルエリア	**1打**	球が止まっている所
アンプレヤブル ストロークと距離の処置	バンカー	**1打**	直前のストロークを行なった地点
アンプレヤブル 後方線上の救済	バンカー	**1打**	球とホールを結ぶその球の後方線上（距離に制限なし）のバンカー内
アンプレヤブル ラテラル救済	バンカー	**1打**	球が止まっている所
アンプレヤブル バンカーの2罰打救済	バンカー	**2打**	球とホールを結ぶその球の後方線上（距離に制限なし）のバンカー外

範囲（クラブレングス）	救済エリアの範囲の制限	ドロップ／リプレース	選択／強制
1クラブ	○基点よりホールに近づかない ○基点と同じコースエリア	**ドロップ** （基点がティーイングエリアの場合はティーアップ）	選択
1クラブ	○基点よりホールに近づかない ○ペナルティーエリア以外のコースエリア	**ドロップ**	選択
2クラブ	○基点よりホールに近づかない ○ペナルティーエリア以外のコースエリア	**ドロップ**	選択
1クラブ	○基点よりホールに近づかない ○基点と同じコースエリア	**ドロップ** （基点がティーイングエリアの場合はティーアップ）	強制
1クラブ	○基点よりホールに近づかない ○基点と同じコースエリア	**ドロップ** （基点がティーイングエリアの場合はティーアップ）	強制
1クラブ	○基点よりホールに近づかない ○基点と同じコースエリア	**ドロップ** （基点がティーイングエリアの場合はティーアップ）	選択
1クラブ	○基点よりホールに近づかない ○どのコースエリアでもよい	**ドロップ**	選択
2クラブ	○基点よりホールに近づかない ○どのコースエリアでもよい	**ドロップ**	選択
1クラブ	○基点よりホールに近づかない ○基点と同じコースエリア	**ドロップ** （基点がティーイングエリアの場合はティーアップ）	選択
1クラブ	○基点よりホールに近づかない ○バンカー	**ドロップ**	選択
2クラブ	○基点よりホールに近づかない ○バンカー	**ドロップ**	選択
1クラブ	○基点よりホールに近づかない ○どのコースエリアでもよい	**ドロップ**	選択

救済措置
Yes or No!?

〈表の見方〉
ルースインペディメントをバンカーで取り除いていい………○
アンプレヤブルをペナルティーエリアで宣言できない………✕
○✕の下は「球が動いてしまったとき」の罰打と処置など。

ルースインペディメント

罰なしで
動かせるか

球が動いた
場合

動かせる障害物

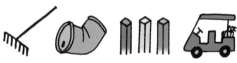

罰なしで
動かせるか

球が動いた
場合

異常なコース状態

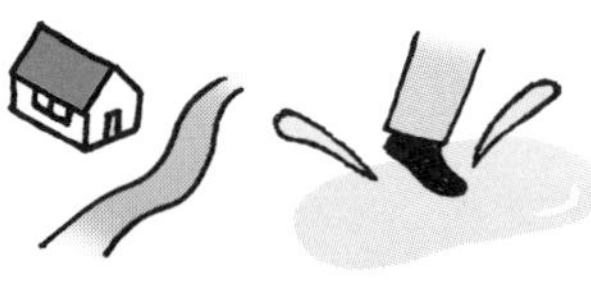

救済を
受けられる

救済措置

アンプレヤブル

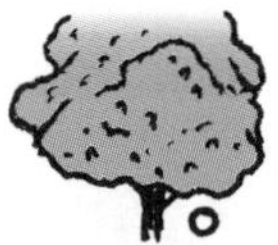

救済を
受けられる

救済措置

ジェネラルエリア	ペナルティーエリア	バンカー	パッティンググリーン
○ 1罰打で リプレース	○ 1罰打で リプレース	○ 1罰打で リプレース	○ 罰なしで リプレース
○ 罰なしで リプレース	○ 罰なしで リプレース	○ 罰なしで リプレース	○ 罰なしで リプレース
○ 罰なしで ドロップ	×	○ 1罰打 or 罰なし でドロップ	○ 罰なしで プレース プレー線上に かかった場合も
○ 1罰打で 救済場所 により異なる	×	○ 1 or 2罰打 救済場所 により異なる	○ 1罰打で プレース 救済場所 により異なる

定義

相手

マッチでプレーヤーが対戦する人。相手という用語はマッチプレーにのみ適用します。

アウトオブバウンズ

委員会によって定められたコースの境界縁の外側のすべての区域。その縁の内側のすべての区域はインバウンズです。
コースの境界縁は地面の上方と、地面の下方の両方に及びます：
境界縁は境界物や線によって定められるべきです：
○**境界物**：杭やフェンスによって定められる場合、境界縁はその杭やフェンスポスト（支柱を除く）のコース側を地表レベルで結んだ線によって定められ、そしてそれらの杭やフェンスポストはアウトオブバウンズです。
壁のような他の物で定められる場合、または委員会が違った方法で境界フェンスを扱いたいと考える場合、委員会はその境界縁を定めるべきです。
○**線**：地面に塗られた線によって定められる場合、境界縁はその線のコース側の縁となり、その線自体はアウトオブバウンズです。
地面の線が境界縁を定める場合、境界縁がある場所を示すために杭を使用することができます。しかし、その杭にはその場所を示す以外の意味はありません。境界杭や境界線は白色とするべきです。

アドバイス

クラブを選択するとき、ストロークを行うとき、ホールや、ラウンド中のプレー方法を決定するときに、プレーヤーや別のプレーヤーに影響を及ぼすことを意図した口頭によるコメントや行為（例えば、ストロークを行うために使用したクラブを見せること）。
しかし、アドバイスには公開されている情報は含まれません。例えば、コース上の物の位置、ある1点から他の1点までの距離、または規則。

委員会

競技またはコースを管理する人、またはグループ。

異常なコース状態

動物の穴、修理地、動かせない障害物、一時的な水。

一時的な水

ペナルティーエリアにはなく、プレーヤーがスタンスをとる前やスタンスをとった後に見えている（プレーヤーの足で過度に踏み込まずに）地表面に一時的に溜まった水（例えば、雨や散水による水溜り、水域から溢れた水）。
単に地面が濡れている、ぬかるんでいる、軟らかい、またはプレーヤーが地面に立ったときに水が瞬間的に見える、というだけではこの条件を満たしません；水溜まりはスタンスをとる前と後のいずれかに存在していなければなりません。

特別なケース：

○露や霜は一時的な水ではありません。
○雪と自然の氷（霜以外）は、プレーヤーの選択で、ルースインペディメントか、または地面の上にある場合は一時的な水のいずれかとなります。
○人造の氷は障害物です。

一般の罰

マッチプレーではホールの負け、ストロークプレーでは2罰打。

インプレー

コース上にあり、ホールのプレーで使用しているプレーヤーの球の状態：
球は次のときにホールで初めてインプレーの球となります：
○プレーヤーがティーイングエリアからその球にストロークを行ったとき。または、
○マッチプレーで、プレーヤーがティーイングエリアの外からその球にストロークを行い、相手が**規則6.1b**に基づいてそのストロークを取り消さなかったとき。
球はホールに入るまでインプレーのままとなる。ただし、次のときはもはやインプレーではなくなります：
○その球がコースから拾い上げられたとき。
○その球が紛失した（コース上に止まっていたとしても）、またはアウトオブバウンズに止まったとき。または、
○別の球に取り替えたとき（規則で認められていなかったとしても）。
インプレーではない球は誤球です。
インプレーの球の箇所をマークするためにボールマーカーが所定の位置にある場合：
○球が拾い上げられていなかった場合、その球はまだインプレーです。そして、
○球が拾い上げられてからリプレースされた場合、そのボールマーカーがまだ取り除かれていなかったとしてもその球はインプレーです。

動いた

止まっている球が元の箇所を離れて他の箇所に止まり、それが肉眼によって見ることができる（誰かが実際にそれを見ていたかどうかにかかわらず）場合。

このことは球が元の箇所を離れ、上下、水平、どの方向に動いたかにかかわらず適用します。
球が揺れている（または振動している）だけで、元の箇所に留まっている、または戻っている場合、その球は動いたことにはなりません。

動かせない障害物

不合理な努力なしには、またはその障害物やコースを壊さずには動かすことができない。そして、その他の点において動かせる障害物の定義に合致しないあらゆる障害物。

動かせる障害物

合理的な努力でその障害物やコースを損傷させずに動かすことができる障害物。
動かせない障害物や不可分な物の一部（例えば、門、ドア、取り付けられたケーブルの一部）がこれらの2つの基準に合致する場合、その部分は動かせる障害物として扱われます。
しかし、動かせない障害物や不可分な物の動かせる部分が動かすことを意図して作られていない場合（例えば、石壁の一部から分離した石）にはこの規定は適用しません。

オナー

ティーイングエリアから最初にプレーするプレーヤーの権利（規則6.4参照）。

改善

プレーヤーがストロークに対して潜在的な利益を得るためにそのストロークに影響を及ぼす状態、またはプレーに影響を及ぼす他の物理的な状態の1つまたは複数を変えること。

外的影響

プレーヤーの球、用具、コースに起きることに影響を及ぼす可能性のある次の人や物：
○すべての人（別のプレーヤーを含む）。ただし、プレーヤー、またはそのキャディー、プレーヤーのパートナーや相手、それらのキャディーを除きます。
○すべての動物。そして、
○すべての自然物、人工物やその他の物（動いている別の球を含みます）。ただし、自然の力を除きます。

完全な救済のニヤレストポイント

異常なコース状態（規則16.1）、危険な動物の状態（規則16.2）、目的外グリーン（規則13.1f）、プレー禁止区域（規則16.1fと規則17.1e）から罰なしの救済を受けるため、または特定のローカルルールに基づいて救済を受けるときの基点。
この基点は次の要件を満たして球があるものと推定された地点です：
○球の元の箇所に最も近く、しかし、その箇所よりホールに近づかない。
○要求されるコースエリア内。そして、
○ストロークに対してその障害がなくなる所。そのストロークとは、もしその状態が元の箇所になかったらプレーヤーがそこから行っていたであろうストロークを意味します。
この基点を推定するときには、プレーヤーはそのストロークで使用していたであろうクラブの選択、スタンス、スイング、プレーの線を特定する必要があります。

キャディー

クラブを持って行く、運ぶ、扱うために、またはアドバイスを与えるためにラウンド中にプレーヤーを助ける人。キャディーは規則が認める他の方法でプレーヤーを助けることもできます（規則10.3b参照）。

救済エリア

プレーヤーが規則に基づいて救済を受けるときに球をドロップしなければならないエリア。各救済規則はプレーヤーに次の3つの要素に基づく大きさと場所を持つ特定の救済エリアを使用することを要求します：

○**基点**：救済エリアの大きさを計測するときの起点。

○**基点から計測する救済エリアの大きさ**：救済エリアは基点から1クラブレングスか、2クラブレングスのいずれかとなります。しかし、一定の制限があります。

○**救済エリアの場所の制限**：救済エリアの場所は1または複数の方法で制限されることがあります。例えば：

▽特定の定義されたコースエリアだけとなります（例えば、ジェネラルエリアだけ、またはバンカーやペナルティーエリアの外）。

▽基点よりもホールに近づかない。または救済を受けているペナルティーエリアやバンカーの外でなければなりません。または、

▽救済を受けている状態による障害（特定の規則で定めている）がなくなる所。

境界物

アウトオブバウンズを定める、または示している人工物（例えば、壁、フェンス、杭、レーリング）で罰なしの救済は認められません。

境界物には境界フェンスの基礎や柱を含みます。しかし、壁やフェンスに取り付けられた支柱や支線、または、壁やフェンスを乗り越えるために使用する階段、橋、類似の建造物は含まれません。

境界物はその全体または一部を動かすことができたとしても、動かさないものとして扱われます

(規則8.1a参照)

境界物は障害物でも、不可分な物でもありません。

クラブレングス

ラウンド中にプレーヤーが持っている14本（またはそれ以下）のクラブ（規則4.1b（1）で認められる通り）のうち、パター以外で最も長いクラブの長さ。例えば、ラウンド中にプレーヤーが持っている最も長いクラブ（パターを除く）が43インチ（109.22cm）のドライバーの場合、そのプレーヤーのそのラウンドのためのクラブレングスは43インチとなります。

コース

委員会が設定した境界の縁の内側のすべてのプレーエリア。境界の縁は地面の上方と、地面の下方の両方に及びます。

コースエリア

コースを構成する次の5つの定義されたエリア：(1) ジェネラルエリア、(2) プレーヤーがプレーするホールをスタートするときにそこからプレーしなければならないティーイングエリア、(3) すべてのペナルティーエリア、(4) すべてのバンカー、そして (5) プレーヤーがプレーしているホールのパッティンググリーン。

誤球

次のプレーヤーの球以外のすべての球：

○インプレーの球（元の球か、取り替えた球かにかかわらず）。

○暫定球（規則18.3cに基づいて放棄する前の）。または、

○規則14.7bや規則20.1cに基づいてストロークプレーでプレーした第2の球。

誤球の例は、別のプレーヤーのインプレーの球、捨てられている球、プレーヤー自身の球でアウトオブバウンズとなっている球、紛失球となった球、あるいは拾い上げていてまだインプレーに戻していない球。

誤所

プレーヤーが自分の球をプレーすることを規則が求めている、または認めている場所以外のコース上のすべての場所です。

最大限の救済を受けることができるポイント

完全な救済のニヤレストポイントがない場合に、バンカー（規則16.1c）やパッティンググリーン（規則16.1d）の異常なコース状態から罰なしの救済を受けるための基点。
この基点は次の要件を満たして球があるものと推定された地点です：
○球の元の箇所に最も近く、しかし、その箇所よりもホールに近づかない。
○要求されたコースエリア内。そして、
○その異常なコース状態がなかったら元の箇所から行っていたであろうストロークに対してその状態による障害が最小となる所。
この基点を推定するときには、プレーヤーはそのストロークで使用していたであろうクラブの選択、スタンス、スイング、プレーの線を特定する必要があります。

サイド

マッチプレーやストロークプレーでラウンドを一つのユニットとして競う2人以上のパートナー。

暫定球

プレーヤーによってプレーされたばかりの球がアウトオブバウンズであったり、ペナルティーエリア以外の場所で紛失の可能性がある場合にプレーされる別の球。

ジェネラルエリア

コース全体から他の4つの定義されたエリア（つまり(1) プレーヤーがプレーするホールをスタートするときにそこからプレーしなければならないティーイング

エリア、(2) すべてのバンカー、(3) すべてのペナルティーエリア、(4) プレーヤーがプレーしているホールのパッティンググリーン）を除いたコースエリア。ジェネラルエリアには、ティーイングエリア以外のコース上のすべてのティーイング場所。そして、すべての目的外グリーンを含みます。

自然の力

風、水などの自然の影響、または重力の影響により明らかな理由がなく何かが起きる場合。

地面にくい込む

プレーヤーの球がそのプレーヤーの直前のストロークの結果として作られたその球のピッチマークの中にあり、その球の一部が地表面より下にある場合。地面にくい込んだことになるために球は必ずしも土に触れる必要はありません（例えば、草やルースインペディメントが球と土の間にあることもあります）。

重大な違反

ストロークプレーで、誤所からのプレーが正しい場所から行われるストロークと比較してプレーヤーに著しい利益を与える可能性がある場合。

修理地

委員会が修理地と定める（マーキングや他の方法により）コースのすべての部分。
委員会が修理地として定めていなかったとしても次のものは修理地に含まれます：
○次のときに委員会、または管理スタッフが作った穴：
▽コースセットアップ（例えば、杭を取り除いた穴や、別のホールのプレーのために使用しているダブルグリーン上のホール）。または、
▽コース管理（例えば、芝、切り株を取り除くときにできた穴やパイプラインを設置するときにできた穴。

しかし、エアレーションホールを除きます)。
○後で移すために積まれた刈草、葉、他の物。しかし：
▽移すために積まれた自然物はルースインペディメントです。そして、
▽移すことを意図せずにコース上に残されている物は、委員会が修理地として定めていなければ、修理地ではありません。
○プレーヤーの球の近くにあるためにプレーヤーのストロークやスタンスにより損傷する可能性のある動物の住処（例えば、鳥の巣)。ただし、ルースインペディメントとして定義されている動物（例えば、ミミズや昆虫）によって作られた住処を除きます。
修理地の縁は杭、線、物理的な特徴を持った物で定めるべきです：
○**杭**：杭で定める場合、修理地の縁は、地表レベルでその杭と杭の外側を結んだ線で定め、その杭は修理地内です。
○**線**：地面上に塗った線で定める場合、修理地の縁はその線の外側の縁となり、線自体は修理地内です。

障害物（動かせる障害物、動かせない障害物も参照）

不可分な物と境界物を除くすべての人工物。
障害物の例：
○人工の表面を持つ道路（これらの人工的な縁石を含む)。
○建物、車両。
○スプリンクラーヘッド、排水溝、灌漑ボックスまたは制御ボックス。
○プレーヤーの用具、旗竿、レーキ。

スコアカード

ストロークプレーで、各ホールのプレーヤーのスコアを記入するカード。

スタンス

ストロークの準備や、ストロークを行うときのプレーヤーの足と体の位置。

ストローク

球を打つために行われるクラブの前方への動き。

ストロークと距離

プレーヤーが直前のストロークを行った所から球をプレーすることによって**規則17**、**規則18**、**規則19**に基づいて救済を受ける場合の処置と罰（**規則14.6**参照）。

ストロークに影響を及ぼす状態

プレーヤーの止まっている球のライ、意図するスタンス区域、意図するスイング区域、プレーの線、そのプレーヤーが球をドロップまたはプレースすることになる救済エリア。

ストロークプレー

プレーヤーやサイドがその競技のすべての他のプレーヤーやサイドと競うプレー形式。

ティー

球をティーイングエリアからプレーするときに、その球を地面から上げるために使用する物。ティーは4インチ（101.6mm）以下の長さで、用具規則に適合していなければなりません。

ティーイングエリア

プレーヤーがプレーするホールをスタートするときにそこからプレーしなければならないエリア。ティーイングエリアは次の方法で定めた奥行2クラブレングスの長方形です：
○前の縁は委員会が設置した2つのティーマーカーの最も前方を結ぶ線によって定めます。そして、

○横の縁は2つのティーマーカーの外側から後方の線によって定めます。

動物

人間以外の動物界のすべての生き物。

動物の穴

動物が地面に掘った穴。ただし、ルースインペディメントとしても定義される動物（例えば、ミミズや昆虫）が掘った穴を除きます。
動物の穴という用語には次のものを含みます：
○動物が穴から掘り出して分離している物。
○その穴に通じるすり減った獣道や痕跡。そして、
○動物が地下に穴を掘った結果、盛り上がった、または変化した地面のすべての区域。

取り替え

プレーヤーが別の球をインプレーの球にしてホールをプレーするために使用している球を替えること。

ドロップ

球を持ち、その球をインプレーにする意図を持って空中を落下するように離すこと。各救済規則が球をドロップする、そしてその球が止まらなければならない具体的な救済エリアを特定しています。
救済を受ける場合、プレーヤーは球を膝の高さから離さなければならず、次の要件を満たさなければなりません：
○プレーヤーが球を投げたり、回転をかけたり、転がしたりせずに、または球が止まることになる場所に影響を及ぼす可能性のあるその他の動きをせずに、球を真っすぐに落下させなければならない。そして、
○球が地面に落ちる前にそのプレーヤーの体や用具に当たってはならない（規則14.3b参照）。

パートナー

マッチプレーかストロークプレーのいずれかで、サイドとしてプレーヤーと共に競うもう1人のプレーヤー。

旗竿

ホールの場所をプレーヤーに示すために委員会が準備してホールの中に立てた動かせるポール。

パッティンググリーン

プレーヤーがプレーしているホールのパッティングのために特別に作られたエリア、または、委員会がパッティンググリーンとして定めたエリア（例えば、臨時のグリーンを使用する場合）。

バンカー

バンカーとするために作られた砂のエリアで、芝や土が取り除かれて窪みとなっている場合が多いです。
次の部分はバンカーの一部ではありません：
○その作られたエリアの縁で土、草、積み芝、または人工物で構成するへり、壁、面。
○土やその作られたエリアの縁の内側に生長している、または付着しているすべての自然物（例えば、草、ブッシュ、木）。
○その作られたエリアの縁の外側にある、または、飛び散っている砂。
○その作られたエリアの縁の内側ではないコース上の他のすべての砂の区域（例えば、砂漠や他の自然の砂の区域、またはウェストエリアと言われることがある他の区域）。

不可分な物

委員会がコースをプレーする上で挑戦の一部として定めた罰なしの救済が認められない人工物。
不可分な物は動かせないものとして扱われます（**規則8.1a**参照）。しかし、不可分な物の一部（例えば、門、ドア、取り付けられたケーブルの一部）が動かせる障害物の定義に合致する場合、その部分は動かせる障害物として扱われます。
不可分な物は障害物でも境界物でもありません。

プレーの線

プレーヤーがストローク後に自分の球にとらせたい線で、その線には地面の上方と、その線の両側に合理的な距離を持つその線上の範囲を含みます。
プレーの線は2つの点を結ぶ直線とは限りません（例えば、プレーヤーが球にとらせたい場所に基づいて曲線となることもあります）。

プレー禁止区域

委員会がプレーを禁止したコースの一部。プレー禁止区域は異常なコース状態か、ペナルティーエリアのいずれかの部分として定めなければなりません。

紛失

プレーヤーまたはそのキャディー（またはプレーヤーのパートナーやパートナーのキャディー）が球を捜し始めてから3分以内に見つからない球の状態。

ペナルティーエリア

プレーヤーの球がそこに止まった場合、1打の罰で救済が認められるエリア。
マーキングに使用する色によって区別される2つの異なったタイプのペナルティーエリアがあります：
○イエローペナルティーエリア（黄線または黄杭でマークする）では、プレーヤーに2つの救済の選択肢（規則17.1d（1）と（2））があります。
○レッドペナルティーエリア（赤線または赤杭でマークする）では、プレーヤーがイエローペナルティーエリアに対してとることのできる2つの救済の選択肢に加え、ラテラル救済の選択肢（規17.1d（3））があります。

ペナルティーエリアの色を委員会がマーキングしていなかった、特定していなかった場合はレッドペナルティーエリアとして扱います。
ペナルティーエリアの縁は地面の上方と、地面の下方の両方に及びます：
ペナルティーエリアの縁は杭、線で定めるべきです：
○**杭**：杭で定める場合、ペナルティーエリアの縁は、地表レベルでその杭と杭の外側を結んだ線で定め、その杭はペナルティーエリア内です。
○**線**：地面上に塗った線で定める場合、そのペナルティーエリアの縁はその線の外側の縁となり、線自体はそのペナルティーエリア内です。

ホール

プレーしているホールのパッティンググリーン上の終了地点。

ホールに入る

球がストローク後にホールの中に止まり、球全体がパッティンググリーン面より下にあるとき。
規則が「ホールアウトする」、「ホールアウト」と言及する場合、それはプレーヤーの球がホールに入ったときを意味します。
球がホールの中の旗竿に寄りかかって止まっている特別なケースについては、**規則13.2c**を参照のこと（球の一部がパッティンググリーン面より下にあればその球はホールに入ったものとして扱われる）。

ボールマーカー

プレーヤーが拾い上げる球の箇所をマークするために使用する人工物（例えば、ティー、コイン、ボールマーカーとして作られた物や別の小さい用具）。

マーカー

ストロークプレーでは、プレーヤーのスコアをそのプレーヤーのスコアカードに記入することと、そのスコアカードを証明することについて責任を負う人。マーカーには別のプレーヤーがなることができます。しかし、パートナーはなることはできません。

マーク

ボールマーカーを球の直後、または球のすぐ近くに置くこと、またはクラブを球の直後、または球のすぐ近くの地面の上に留めておくことことによって止まっている球の箇所を示すこと。

マッチプレー

プレーヤーまたはサイドが相手または相手となるサイドと1または複数のラウンドのマッチで直接対戦してプレーするプレー形式。

目的外グリーン

プレーヤーがプレーしているホールのパッティンググリーン以外のコース上のすべてのグリーン。目的外グリーンはジェネラルエリアの一部です。

用具

プレーヤーやそのプレーヤーのキャディーが使用している、身に着けている、手にしている、運んでいる物。コース保護のために使用する物（例えば、レーキ）はプレーヤーかキャディーが手にしているか、運んでいる間に限り、用具となります。

用具規則

プレーヤーがラウンド中に使用することが認められるクラブ、球、他の用具の仕様や他の規定。用具規則はR&AまたはJGAホームページで閲覧できます。

ライ

プレーヤーの球が止まっている箇所と、球に触れているか、球のすぐ近くにある、生長または付着している自然物、動かせない障害物、不可分な物、境界物。ルースインペディメントと動かせる障害物は球のライの一部ではありません。

ラウンド

委員会が設定した順番でプレーする18（またはそれ以下）ホール。

リプレース

球をインプレーにする意図を持って、球を接地させて手放すことによって球を置くこと。

ルースインペディメント

分離した自然物。例えば：
○石、分離した草、葉、枝、小枝。
○動物の死骸や排泄物。
○ミミズ、昆虫や簡単に取り除くことができる類似の動物、そしてそれらが作った盛り土やクモの巣（例えば、ミミズの放出物や蟻塚)。そして、
○圧縮された土の塊（エアレーションプラグを含む)。
次のものは分離した自然物（つまりルースインペディメント）として扱いません：
○付着している、または生長している。
○地面に固くくい込んでいる（つまり、簡単に拾い上げることができない)。
○球に貼り付いている。

特別な場合：
○砂、バラバラの土はルースインペディメントではありません。
○露、霜、水はルースインペディメントではありません。
○雪と自然の氷（霜以外）は、プレーヤーの選択で、ルースインペディメントか、または地面の上にある場合は一時的な水のいずれかとなります。
○クモの巣は他の物に付着していたとしてもルースインペディメントです。

レフェリー

事実問題を決定し、規則の適用をするために委員会が指名したオフィシャル。

分かっている、または事実上確実

プレーヤーの球に起きたことを決定するための基準(例えば、球がペナルティーエリアの中に止まったかどうか、球が動いたのかどうか、何が球を動かす原因となったのか)。分かっている、または事実上確実は、単に可能性がある、または起こりそうであること以上のことで、次のいずれかを意味します：

○問題になっている出来事がプレーヤーの球に起きたという決定的な証拠がある（例えば、プレーヤー、または他の目撃者がそれが起きるのを見ていた場合)。

または、

○疑念がほんのわずかにあるが、合理的に入手可能なすべての情報が問題になっている出来事の起きた可能性が95%以上であることを示している。

（公財）日本ゴルフ協会発行
2019年ゴルフ規則書
プレーヤーズ版より

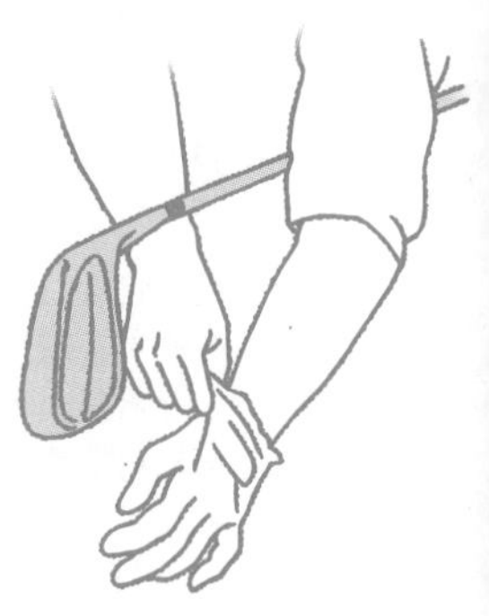

GOLF DIGEST ゴルフルール早わかり集 2021-2022

発行　2021年2月22日　初版

監修　林 孝之（全英オープン2013-2018 レフェリー）
発行者　木村玄一
発行所　ゴルフダイジェスト社
〒105-8670　東京都港区新橋6-18-5
〈TEL〉03-3432-4411（代表）
03-3431-3060（販売）
〈Email〉gbook@golf-digest.co.jp
印刷・製本　共同印刷株式会社

アートディレクション　唐仁原教久　浅妻健司
デザイン　浅妻健司　HB STUDIO

定価は裏表紙に記載してあります。
乱丁・落丁本は小社販売部までお送りください。
送料は小社負担でお取り替えいたします。

ISBN978-4-7728-4190-0　C2075